Unterrichtsideen
Textarbeit im Deutschunterricht
der Sekundarstufe I

Unterrichtsideen
Textarbeit im Deutschunterricht der Sekundarstufe I

Isabella Bleissem

Materialien

Ernst Klett Verlag für Wissen und Bildung
Stuttgart · Dresden

Hinweise für den Einsatz der Quellentexte und Materialien im Unterricht gibt der Lehrerband: Isabella Bleissem: Unterrichtsideen Textarbeit im Deutschunterricht der Sekundarstufe I. Didaktische Kommentare und methodische Anregungen zu ausgewählten Texten und Gattungen.

Klettbuch 922676

Gedruckt auf Papier, welches aus Altpapier hergestellt wurde.

Die Deutsche Bibliothek – CIP-Einheitsaufnahme

Bleissem, Isabella:
Unterrichtsideen Textarbeit im Deutschunterricht
der Sekundarstufe I:
didaktische Kommentare und methodische Anregungen
zu ausgewählten Texten und Gattungen / Isabella Bleissem. –
Stuttgart; Dresden: Klett, Verlag für Wissen und Bildung
Materialien. – 1. Aufl. – 1994
ISBN 3-12-922678-8

1. Auflage 1994

Umschlaggestaltung: BSS Werbeagentur Sachse und Partner, Bietigheim
Gesamtherstellung: Wilhelm Röck, Weinsberg
Printed in Germany
ISBN 3-12-922678-8

Inhaltsverzeichnis

9 Annette von Droste-Hülshoff: Der Knabe im Moor

Erleben und Analysieren ästhetischer Textqualitäten (Variante 1)
Darstellendes Vorlesen (Variante 2) – Klasse 7/8

10 Heinrich von Kleist: Der zerbrochne Krug

Integration verschiedener Methoden des Textverstehens – Klasse 9/10

1 Märchen
Brüder Grimm: Hänsel und Gretel – Paul Maar: Die Geschichte vom bösen Hänsel, der bösen Gretel und der Hexe

Wertkritik durch Textvergleich

M 1

Brüder Grimm: Hänsel und Gretel (1819)

Vor einem großen Walde wohnte ein armer Holzhacker mit seiner Frau und seinen zwei Kindern; das Bübchen hieß Hänsel und das Mädchen Gretel. Er hatte wenig zu beißen und zu brechen, und einmal, als große Teuerung ins Land kam, konnte er auch das tägliche Brot nicht mehr schaffen. Wie er sich nun abends im Bette Gedanken machte und sich vor Sorgen herumwälzte, seufzte er und sprach zu seiner Frau „was soll aus uns werden? wie können wir unsere armen Kinder ernähren, da wir für uns selbst nichts mehr haben?“ „Weißt du was, Mann,“ antwortete die Frau, „wir wollen morgen in aller Frühe die Kinder hinaus in den Wald führen, wo er am dicksten ist: da machen wir ihnen ein Feuer an und geben jedem noch ein Stückchen Brot, dann gehen wir an unsere Arbeit und lassen sie allein. Sie finden den Weg nicht wieder nach Haus und wir sind sie los.“ „Nein Frau,“ sagte der Mann, „das tue ich nicht; wie sollt ichs übers Herz bringen, meine Kinder im Walde allein zu lassen, die wilden Tiere würden bald kommen und sie zerreißen.“ „O du Narr,“ sagte sie, „dann müssen wir alle viere Hungers sterben, du kannst nur die Bretter für die Särge hobeln,“ und ließ ihm keine Ruhe, bis er einwilligte. „Aber die armen Kinder dauern mich doch,“ sagte der Mann.

Die zwei Kinder hatten vor Hunger auch nicht einschlafen können und hatten gehört, was die Stiefmutter zum Vater gesagt hatte. Gretel weinte bittere Tränen und sprach zu Hänsel „nun ists um uns geschehen.“ „Still, Gretel,“ sprach Hänsel, „gräme dich nicht, ich will uns schon helfen.“ Und als die Alten eingeschlafen waren, stand er auf, zog sein Röcklein an, machte die Untertüre auf und schlich sich hinaus. Da schien der Mond ganz helle, und die weißen Kieselsteine, die vor dem Haus lagen, glänzten wie lauter Batzen. Hänsel bückte sich und steckte so viel in sein Rocktäschlein, als nur hinein wollten. Dann ging er wieder zurück, sprach zu Gretel „sei getrost, liebes Schwesterchen, und schlaf nur ruhig ein, Gott wird uns nicht verlassen,“ und legte sich wieder in sein Bett.

Als der Tag anbrach, noch ehe die Sonne aufgegangen war, kam schon die Frau und weckte die beiden Kinder, „steht auf, ihr Faulenzer, wir wollen in den Wald gehen und Holz holen.“ Dann gab sie jedem ein Stückchen Brot und sprach „da habt ihr etwas für den Mittag, aber eßts nicht vorher auf, weiter kriegt ihr nichts.“ Gretel nahm das Brot unter die Schürze, weil Hänsel die Steine in der Tasche hatte. Danach machten sie sich alle zusammen auf den Weg nach dem Wald. Als sie ein Weilchen gegangen waren, stand Hänsel still und guckte nach dem Haus zurück und tat das wieder und immer wieder. Der Vater sprach „Hänsel, was guckst du da und bleibst zurück, hab acht und vergiß deine Beine nicht.“ „Ach, Vater,“ sagte Hänsel, „ich sehe nach meinem weißen Kätzchen, das sitzt oben auf dem Dach und will mir Ade sagen.“ Die Frau sprach „Narr, das ist dein Kätzchen nicht, das ist die Morgensonne, die auf den Schornstein scheint.“ Hänsel aber hatte nicht nach dem Kätzchen gesehen, sondern immer einen von den blanken Kieselsteinen aus seiner Tasche auf den Weg geworfen.

Als sie mitten in den Wald gekommen waren, sprach der Vater „nun sammelt Holz, ihr Kinder, ich will ein Feuer anmachen, damit ihr nicht friert.“ Hänsel und Gretel trugen Reisig zusammen, einen kleinen Berg hoch. Das Reisig ward angezündet, und als die Flamme recht hoch brannte, sagte die Frau „nun legt euch ans Feuer, ihr Kinder, und ruht euch aus, wir gehen in den Wald und hauen Holz. Wenn wir fertig sind, kommen wir wieder und holen euch ab.“

Hänsel und Gretel saßen am Feuer, und als der Mittag kam, aß jedes sein Stücklein Brot. Und weil sie die Schläge der Holzaxt hörten, so glaubten sie, ihr Vater wäre in der Nähe. Es war aber nicht die Holzaxt, es war ein Ast, den er an einen dürren Baum gebunden hatte, und den der Wind hin- und herschlug. Und als sie so lange gesessen hatten, fielen ihnen die Augen vor Müdigkeit zu, und sie schliefen fest ein. Als sie endlich erwachten, war es schon finstere Nacht. Gretel fing an zu weinen und sprach „wie sollen wir nun aus dem Wald kommen!“ Hänsel aber tröstete sie, „wart nur ein Weilchen, bis der Mond aufgegangen ist, dann wollen wir den Weg schon finden.“ Und als der volle Mond aufgestiegen war, so nahm Hänsel sein Schwesterchen an die Hand und ging den Kieselsteinen nach, die schimmerten wie neu geschlagene Batzen und zeigten ihnen den Weg. Sie gingen die ganze Nacht hindurch und kamen bei anbrechendem Tag wieder zu ihres Vaters Haus. Sie klopften an die Tür, und als die Frau aufmachte und sah, daß es Hänsel und Gretel war, sprach sie „ihr bösen Kinder, was habt ihr so lange im Walde geschlafen, wir haben geglaubt, ihr wolltet gar nicht wiederkommen.“ Der Vater aber freute sich, denn es war ihm zu Herzen gegangen, daß er sie so allein zurückgelassen hatte.

Nicht lange danach war wieder Not in allen Ecken, und die Kinder hörten, wie die Mutter nachts im Bette zu dem Vater sprach „alles ist wieder aufgezehrt, wir haben noch einen halben Laib Brot, hernach hat das Lied ein Ende. Die Kinder müssen fort, wir wollen sie tiefer in den Wald hineinführen, damit sie den Weg nicht wieder herausfinden; es ist sonst keine Rettung für uns.“ Dem Mann fiels schwer aufs Herz und er dachte „es wäre besser, daß du den letzten Bissen mit deinen Kindern teiltest.“ Aber die Frau hörte auf nichts, was er sagte, schalt ihn und machte ihm Vorwürfe. Wer A sagt, muß auch B sagen, und weil er das erstemal nachgegeben hatte, so mußte er es auch zum zweitenmal.

Die Kinder waren aber noch wach gewesen und hatten das Gespräch mit angehört. Als die Alten schliefen, stand Hänsel wieder auf, wollte hinaus und Kieselsteine auflesen wie das vorigemal, aber die Frau hatte die Tür verschlossen und Hänsel konnte nicht hinaus. Aber er tröstete sein Schwesterchen und sprach „weine nicht, Gretel, und schlaf nur ruhig, der liebe Gott wird uns schon helfen.“ Am frühen Morgen kam die Frau und holte die Kinder aus dem Bette. Sie erhielten ihr Stückchen Brot, das war aber noch kleiner als das vorigemal. Auf dem Wege nach dem Wald bröckelte es Hänsel in der Tasche, stand oft still und warf ein Bröcklein auf die Erde. „Hänsel, was stehst du und guckst dich um,“ sagte der Vater, „geh deiner Wege.“ „Ich sehe nach meinem Täubchen, das sitzt auf dem Dache und will mir Ade sagen,“ antwortete Hänsel. „Narr“, sagte die Frau, „das ist dein Täubchen nicht, das ist die Morgensonne, die auf den Schornstein oben scheint.“ Hänsel aber warf nach und nach alle Bröcklein auf den Weg.

Die Frau führte die Kinder noch tiefer in den Wald, wo sie ihr Lebtag noch nicht gewesen waren. Da ward wieder ein großes Feuer gemacht, und die Mutter sagte „bleibt nur da sitzen, ihr Kinder, und wenn ihr müde seid, könnt ihr ein wenig schlafen: wir gehen in den Wald und hauen Holz, und abends, wenn wir fertig sind, kommen wir und holen euch ab.“ Als es Mittag war, teilte Gretel ihr Brot mit Hänsel, der sein Stück auf den Weg gestreut hatte. Dann schliefen sie ein, und der Abend verging, aber niemand kam zu den armen Kindern. Sie erwachten erst in der finsteren Nacht, und Hänsel tröstete sein Schwesterchen und sagte „wart nur, Gretel, bis der Mond aufgeht, dann werden wir die Brotbröcklein sehen, die ich ausgestreut habe, die zeigen uns den Weg nach Haus.“ Als der Mond kam, machten sie sich auf, aber sie fanden kein Bröcklein mehr, denn die vielen tausend Vögel, die im Walde und im Felde umherfliegen, die hatten sie weggepickt. Hänsel sagte zu Gretel „wir werden den Weg schon finden,“ aber sie fanden ihn nicht. Sie gingen die ganze Nacht und noch einen Tag von Morgen bis Abend, aber sie kamen aus dem Wald nicht heraus, und waren so hungrig, denn sie hatten nichts als die paar Beeren, die auf der Erde standen. Und weil sie so müde waren, daß die Beine sie nicht mehr länger tragen wollten, so legten sie sich unter einen Baum und schliefen ein.

Nun wars schon der dritte Morgen, daß sie ihres Vaters Haus verlassen hatten. Sie fingen wieder an zu gehen, aber sie gerieten immer tiefer in den Wald, und wenn nicht bald Hilfe kam, so mußten sie verschmachten. Als es Mittag war, sahen sie ein schönes schneeweißes Vöglein auf einem Ast sitzen, das sang so schön, daß sie stehen blieben und ihm zuhörten. Und als es fertig war, schwang es seine Flügel und flog vor ihnen her, und sie gingen ihm nach, bis sie zu einem Häuschen gelangten, auf dessen Dach es sich setzte, und als sie ganz nah herankamen, so sahen sie, daß das Häuslein aus Brot gebaut war und mit Kuchen gedeckt; aber die Fenster waren von hellem Zucker. „Da wollen wir uns dran machen,“ sprach Hänsel, „und eine gesegnete Mahlzeit halten. Ich will ein Stück vom Dach essen, Gretel, du kannst vom Fenster essen, das schmeckt süß.“ Hänsel reichte in die Höhe und brach sich ein wenig vom Dach ab, um zu versuchen, wie es schmeckte, und Gretel stellte sich an die Scheiben und knuperte daran. Da rief eine feine Stimme aus der Stube heraus

„knuper, knuper, kneischen,
wer knupert an meinem Häuschen?“
Die Kinder antworteten
„der Wind, der Wind,
das himmlische Kind,“
und aßen weiter, ohne sich irre machen zu lassen. Hänsel, dem das Dach sehr gut schmeckte, riß sich ein großes Stück davon herunter, und Gretel stieß eine ganze runde Fensterscheibe heraus, setzte sich nieder und tat sich wohl damit. Da ging auf einmal die Tür auf, und eine steinalte Frau, die sich auf eine Krücke stützte, kam herausgeschlichen. Hänsel und Gretel erschraken so gewaltig, daß sie fallen ließen, was sie in den Händen hielten. Die Alte aber wakkelte mit dem Kopfe und sprach „ei, ihr lieben Kinder, wer hat euch hierher gebracht? kommt nur herein und bleibt bei mir, es geschieht euch kein Leid.“ Sie faßte beide an der Hand und führte sie in ihr Häuschen. Da ward gutes Essen aufgetragen, Milch und Pfannekuchen mit Zukker, Äpfel und Nüsse. Hernach wurden zwei schöne Bettlein weiß gedeckt, und Hänsel und Gretel legten sich hinein und meinten, sie wären im Himmel.

Die Alte hatte sich nur so freundlich angestellt, sie war aber eine böse Hexe, die den Kindern auflauerte, und hatte das Brothäuslein bloß gebaut, um sie herbeizulocken. Wenn eins in ihre Gewalt kam, so machte sie es tot, kochte es und aß es, und das war ihr ein Festtag. Die Hexen haben rote Augen und können nicht weit sehen, aber sie haben eine feine Witterung, wie die Tiere, und merkens, wenn Menschen herankommen. Als Hänsel und Gretel in ihre Nähe kamen, da lachte sie boshaft und sprach höhnisch „die hab ich, die sollen mir nicht wieder entwischen.“ Frühmorgens, ehe die Kinder erwacht waren, stand sie schon auf, und als sie beide so lieblich ruhen sah, mit den vollen roten Backen, so murmelte sie vor sich hin „das wird ein guter Bissen werden.“ Da packte sie Hänsel mit ihrer dürren Hand und trug ihn in einen kleinen Stall und sperrte ihn mit einer Gittertüre ein: er mochte schreien, wie er wollte, es half ihm nichts. Dann ging sie zur Gretel, rüttelte sie wach und rief „steh auf, Faulenzerin, trag Wasser und koch deinem Bruder etwas Gutes, der sitzt draußen im Stall und soll fett werden. Wenn er fett ist, so will ich ihn essen.“ Gretel fing an bitterlich zu weinen, aber es war alles vergeblich, sie mußte tun, was die böse Hexe verlangte.

Nun ward dem armen Hänsel das beste Essen gekocht, aber Gretel bekam nichts als Krebsschalen. Jeden Morgen schlich die Alte zu dem Ställchen und rief „Hänsel, streck deine Finger heraus, damit ich fühle, ob du bald fett bist.“ Hänsel streckte ihr aber ein Knöchlein heraus, und die Alte, die trübe Augen hatte, konnte es nicht sehen, und meinte, es wären Hänsels Finger, und verwunderte sich, daß er gar nicht fett werden wollte. Als vier Wochen herum waren und Hänsel immer mager blieb, da übernahm sie die Ungeduld, und sie wollte nicht länger warten. „Heda, Gretel,“ rief sie dem Mädchen zu, „sei flink und trag Wasser: Hänsel mag fett oder mager sein, morgen will ich ihn schlachten und kochen.“ Ach, wie jammerte das arme Schwesterlein, als es das Wasser tragen mußte, und wie flossen ihm die Tränen über die Backen herunter! „Lieber Gott, hilf uns doch,“ rief sie aus, „hätten uns nur die wilden Tiere im Wald gefressen, so wären wir doch zusammen gestorben.“ „Spar nur dein Geblärre,“ sagte die Alte, „es hilft dir alles nichts.“

Frühmorgens mußte Gretel heraus, den Kessel mit Wasser aufhängen und Feuer anzünden. „Erst wollen wir backen,“ sagte die Alte, „ich habe den Backofen schon eingeheizt und den Teig geknetet!“ Sie stieß das arme Gretel hinaus zu dem Backofen, aus dem die Feuerflammen schon herausschlugen. „Kriech hinein,“ sagte die Hexe, „und sieh zu, ob recht eingeheizt ist, damit wir das Brot hineinschieben können.“ Und wenn Gretel darin war, wollte sie den Ofen zumachen, und Gretel sollte darin braten, und dann wollte sies auch aufessen. Aber Gretel merkte, was sie im Sinn hatte, und sprach „ich weiß nicht, wie ichs machen soll; wie komm ich da hinein?“ „Dumme Gans,“ sagte die Alte, „die Öffnung ist groß genug, siehst du wohl, ich könnte selbst hinein,“ krabbelte heran und steckte den Kopf in den Backofen. Da gab ihr Gretel einen Stoß, daß sie weit hineinfuhr, machte die eiserne Tür zu und schob den Riegel vor. Hu! da fing sie an zu heulen, ganz grauselig; aber Gretel lief fort, und die gottlose Hexe mußte elendiglich verbrennen.

Gretel aber lief schnurstracks zum Hänsel, öffnete sein Ställchen und rief „Hänsel, wir sind erlöst, die alte Hexe ist tot!“ Da sprang Hänsel heraus, wie ein Vogel aus dem Käfig, wenn ihm die Tür aufgemacht wird. Wie haben sie sich gefreut, sind sich um den Hals gefallen, sind herumgesprungen und haben sich geküßt! Und weil sie sich nicht mehr zu fürchten brauchten, so gingen sie in das Haus der Hexe hinein, da standen in allen Ecken Kasten mit Perlen und Edelsteinen. „Die sind noch besser als Kieselsteine,“ sagte Hänsel und steckte in seine Taschen, was hinein wollte, und Gretel sagte „ich will auch etwas mit nach Haus bringen,“ und füllte sich sein Schürzchen voll. „Aber jetzt wollen wir fort," sagte Hänsel, „damit wir aus dem Hexenwald herauskommen." Als sie aber ein paar Stunden gegangen waren, gelangten sie an ein großes Wasser. „Wir können nicht hinüber," sprach Hänsel, „ich seh keinen Steg und keine Brücke." „Hier fährt auch kein Schiffchen," antwortete Gretel, „aber da schwimmt eine weiße Ente, wenn ich die bitte, so hilft sie uns hinüber." Da rief sie

„Entchen, Entchen,
da steht Gretel und Hänsel.
Kein Steg und keine Brücke,
nimm uns auf deinen weißen Rücken."

Das Entchen kam auch heran, und Hänsel setzte sich auf und bat sein Schwesterchen, sich zu ihm zu setzen. „Nein," antwortete Gretel, „es wird dem Entchen zu schwer, es soll uns nacheinander hinüberbringen." Das tat das gute Tierchen, und als sie glücklich drüben waren und ein Weilchen fortgingen, da kam ihnen der Wald immer bekannter und immer bekannter vor, und endlich erblickten sie von weitem ihres Vaters Haus. Da fingen sie an zu laufen, stürzten in die Stube hinein und fielen ihrem Vater um den Hals. Der Mann hatte keine frohe Stunde gehabt, seitdem er die Kinder im Walde gelassen hatte, die Frau aber war gestorben. Gretel schüttete sein Schürzchen aus, daß die Perlen und Edelsteine in der Stube herumsprangen, und Hänsel warf eine Handvoll nach der anderen aus seiner Tasche dazu. Da hatten alle Sorgen ein Ende, und sie lebten in lauter Freude zusammen.

aus: Brüder Grimm, Kinder- und Hausmärchen, Bd. I. Köln 1982, S. 62–67.

M 2

Paul Maar: Die Geschichte vom bösen Hänsel, der bösen Gretel und der Hexe

Es waren einmal ein Hund und ein Löwe, die sich gegenseitig Geschichten erzählten. Eines Tages war der Löwe mit dem Erzählen dran und fing an:

Es war einmal eine alte Hexe, die hatte ihr ganzes Leben lang gearbeitet, hatte gezaubert vom frühen Morgen bis zum späten Abend, hatte gehext und Zaubersprüche aufgesagt jeden Tag und war nun in das Alter gekommen, wo ihre Zauberkraft nachließ und ihre Kräfte langsam schwanden.

Sie wurde aber nicht böse und giftig darüber wie manche andere Hexen, wenn sie so alt werden, sondern sagte sich: „Mit meiner Zauberkraft geht es zu Ende. Da will ich mir eine andere Beschäftigung suchen, damit ich nicht faulenzen muß und auf trübe Gedanken komme. Ich werde mein Haus zum schönsten Hexenhaus weit und breit machen!"

Und schon am nächsten Tag begann sie, ihr Häuschen aufs wunderlichste zu schmücken. Auf die Dachziegel legte sie Lebkuchen, die Wände verkleidete sie mit Brot und Kuchen, verziert mit Mandeln und Nüssen, ihre Glasfenster hängte sie aus und hängte neue ein, ganz aus weißem Zucker.

Das dauerte viele Wochen; jeden Tag mußte die alte Frau in der Küche stehen und backen. Aber sie arbeitete unermüdlich, und endlich war das Häuschen fertig. Da war die Hexe stolz auf ihr Haus! Jeden Abend saß sie auf der Bank neben der Haustür, betrachtete die bunten Mauern, hexte mit ihrer versiegenden Zauberkraft mühsam noch einen roten Zuckerguß auf einen Kuchen oder verzierte einen Lebkuchen mit einer Nuß, wischte Staub und rieb die Zuckerscheiben glänzend. Und wenn irgendein Tier an ihrem Haus vorbeikam, staunend stehenblieb und schließlich sagte. „So ein schönes Haus habe ich noch nie gesehen", wurde sie grün vor Stolz.

Eines Tages stand die Hexe gerade vor ihrem Backofen und wollte einen Lebkuchen backen, weil der Wind in der Nacht einen vom Dach geweht hatte. Da war es ihr, als knuspere draußen jemand an ihrem schönen Haus und breche ganze Stücke ab.

Ängstlich rief sie:

„Knusper, knusper, kneuschen.
Wer knuspert an meinem Häuschen?"

Von draußen antwortete ein dünnes Stimmchen:

„Der Wind, der Wind,
das himmlische Kind!"

„Da bin ich beruhigt", seufzte die Hexe erleichtert. „Es ist nur der Wind, der da draußen lärmt. Und ich hatte schon Angst, jemand wolle mein Häuschen zerstören."

Wie sie das gerade sagte, zersprang ihre schönste Fensterscheibe, an der sie drei Wochen gearbeitet hatte, ein Mädchen griff nach den Splittern und aß sie auf! Mühsam humpelte die

Hexe nach draußen, zu sehen, wer der Störenfried sei.

Vor dem Haus standen zwei Kinder, das Mädchen und außerdem ein Junge, rissen die Dachziegel herunter, um sie aufzuessen, zerbrachen die Wand und zersplitterten die weißen Zuckerfenster.

Da war die Hexe traurig und wütend zugleich.

„Wer seid ihr?“ fragte sie. „Und warum zerstört ihr mein liebes Haus, an dem ich so lange gebaut habe?“

Die Kinder antworteten, sie hießen Hänsel und Gretel und hätten aus Hunger von dem Haus gegessen.

„Warum habt ihr aber gelogen und gesagt, ihr wäret der Wind?“ forschte die Alte weiter. „Hättet ihr an meine Tür geklopft und um Essen gebeten, so hätte ich es euch nicht verwehrt!“

Da blickten die beiden Kinder beschämt zu Boden.

Aber weil sie der alten Hexe trotz allem leid taten, sagte sie: „Kommt nur herein und bleibt bei mir, es geschieht euch kein Leid!“ Und sie faßte beide an die Hand und führte sie in ihr Häuschen. Da ward gutes Essen aufgetragen, Milch und Pfannkuchen mit Zucker und Äpfel und Nüsse. Hernach wurden zwei schöne Bettlein weiß gedeckt, und Hänsel und Gretel legten sich hinein und meinten, sie wären im Himmel. Als sie so friedlich schliefen, betrachtete die Hexe sie und sagte: „Sie waren sehr böse zu mir, haben gelogen und mein schönes Häuslein zerstört. Aber vielleicht sind sie nicht ganz verderbt. Ich will sie dabehalten, ihnen zu essen geben und versuchen, sie zu bessern.“

Am nächsten Morgen gab sie den beiden eine leichte Arbeit zu tun und rührte dann einen Teig an, denn sie wollte den Schaden an ihrem Haus wieder ausbessern. Aber Hänsel, der naschhaft war und dem die süßen Lebkuchen auf dem Dach besser schienen als das Frühstück auf dem Tisch, ging hinaus und begann leise vom Haus zu essen.

Als das die Hexe merkte, wurde sie sehr zornig. „Ich habe dich nicht bestraft für deine Lügen und deine bösen Taten, sondern dir und deiner Schwester sogar zu essen und ein Bett zum Schlafen gegeben!“ schalt sie.

„Und du ungezogenes Kind lohnst es mir, indem du den Schaden an meinem Haus noch ärger machst!“ Und zur Strafe und damit er nicht noch mehr Unheil anrichten konnte, sperrte sie ihn in einen Stall neben dem Haus.
Damit er es aber gut hatte in seinem Gefängnis und nicht zu hungern brauchte, fragte sie ihn oft durch das Gitter: „Bist du auch satt, bekommst du genügend zu essen? Streck deinen Finger heraus!“

Hänsel hatte sehr viel zu essen bekommen, aber da er sehr gefräßig war, täuschte er die alte Frau, die schon nicht mehr richtig sehen konnte, durch eine arge List, um noch mehr zu erhalten: Er streckte ein abgenagtes Knöchlein durch das Gitter und sagte mit kläglicher Stimme: „Meine Schwester gibt mir zu wenig Mahlzeiten, ich bin schon ganz mager.“

Die Alte betastete das Knöchlein und sagte: „Führwahr, er ist ganz mager! Gretel, er muß mehr zu essen bekommen!“

Die Gretel aber, die ein faules Mädchen war, maulte und sagte, sie könne nicht kochen.

„Dann mußt du eben backen!“ rief die Hexe und heizte den Backhofen an, um für den Hänsel eigens ein großes Brot zu backen. Als sie aber das Feuer geschürt hatte und gerade nachsehen wollte, ob recht eingeheizt sei, da gab ihr die arglistige Gretel von hinten einen Stoß, daß die Hexe weit hineinfuhr, machte die eiserne Tür zu, schob den Riegel vor, und die arme Alte mußte elendiglich verbrennen. Dann befreite das böse Mädchen ihren Hänsel aus dem Stall, wo er seine Strafe absitzen sollte, und sie durchwühlten gemeinsam das ganze Hexenhaus.

In einer Ecke hatte die Hexe eine Kiste mit Perlen und Edelsteinen stehen, die ein Erbstück von ihrem Vater war, einem großen Hexenmeister. Die raubten die beiden Kinder, stopften sich die Taschen voll mit Schmuck und Geschmeide und liefen schnell aus dem Wald.

„Und weißt du, was sie hinterher den Leuten erzählten?“ fragte der Löwe den Hund. „Was denn?“ fragte der mit großen Augen.

„Sie haben doch wahrhaftig behauptet, die Hexe hätte sie aufessen wollen! Diese bösen Kinder!“

„Ich muß sagen“, entgegnete der Hund, „ich habe die Geschichte nicht so erzählt bekommen. Da hörte sich alles ganz anders an, obwohl eigentlich das gleiche geschah!“

„Aha!“ machte der Löwe. „Da sieht man es wieder: Die Leute glauben viel lieber die Unwahrheit als die Wahrheit und erzählen dann ohne schlechtes Gewissen die Lügengeschichten weiter! Denn die Geschichte hat sich so zugetragen, wie ich sie dir mitgeteilt habe, das weiß ich von jener Hexe, die sie mir anvertraut hat.“

„Wenn das so ist“, überlegte der Hund, „dann möchte ich gern einmal ‚Rotkäppchen‘ von einem Wolf erzählt bekommen!“

M 3

Das Brüderchen und das Schwesterchen

(Urversion von Hänsel und Gretel 1810)

Es war einmal ein armer Holzhacker, der wohnte vor einem großen Wald. Es ging ihm jämmerlich, daß er kaum seine Frau und seine zwei Kinder ernähren konnte. Einsmals hatte er auch kein Brod mehr und war in großer Angst; da sprach seine Frau Abends im Bett zu ihm: „nimm die beiden Kinder morgen früh und führ sie in den großen Wald, gib ihnen das noch übrige Brod und mach' ihnen ein groß Feuer an und darnach geh weg und laß sie allein." Der Mann wollte lang nicht, aber die Frau ließ ihm keine Ruh, bis er endlich einwilligte.

Aber die Kinder hatten alles gehört, was die Mutter gesagt hatte. Das Schwesterchen fing an gar sehr zu weinen; das Brüderchen sagte ihm, es solle still seyn, und tröstete es. Dann stand er leis auf und ging hinaus vor die Thüre; da wars Mondenschein, und die weißen Kieselsteine glänzten vor dem Haus. Der Knabe las sie sorgfältig auf und füllte sein Rocktäschlein damit, soviel er nur hineinbringen konnte. Darauf ging er wieder zu seinem Schwesterchen ins Bett und schlief ein.

Des Morgens früh, ehe die Sonne aufgegangen war, kam der Vater und die Mutter und weckten die Kinder auf, die mit in den großen Wald sollten. Sie gaben jedem ein Stücklein Brod, die nahm das Schwesterchen unter das Schürzchen, denn das Brüderchen hatte die Tasche voll von den Kieselsteinen. Darauf machten sie sich fort auf den Weg zu dem großen Wald. Wie sie nun so gingen, da stand das Brüderchen oft still und guckte nach ihrem Häuschen zurück. Der Vater sagte: „was bleibst du immer stehn und guckst zurück?" „Ach", antwortete das Brüderchen, „ich seh nach meinem weißen Kätzchen, das sitzt auf dem Dach und will mir Ade sagen"; heimlich ließ es aber immer einen von den weißen Kieselsteinchen fallen. Die Mutter sprach: „geh nur fort, es ist dein Kätzchen nicht, es ist das Morgenroth, das auf den Schornstein scheint." Aber der Knabe blickte immer noch zurück, und immer ließ er wieder ein Steinchen fallen.

So gingen sie lang und kamen endlich mitten in den großen Wald. Da machte der Vater ein großes Feuer an, und die Mutter sagt: „schlaft dieweil ihr Kinder, wir wollen in den Wald gehn und Holz suchen, wartet, bis wir wieder kommen." Die Kinder setzten sich an das Feuer, und jedes aß sein Stücklein Brot. Sie warten lang, bis es Nacht ward, aber die Eltern kamen nicht wieder. Da fing das Schwesterchen an gar sehr zu weinen; das Brüderchen tröstete es aber und nahm es an die Hand. Da schien der Mond, und die weißen Kieselsteinchen glänzten und zeigten ihnen den Weg. Und das Brüderchen führte das Schwesterchen die ganze Nacht durch, und sie kamen des Morgens wieder vor das Haus. Der Vater war froh, denn er hatte es nicht gern gethan; aber die Mutter war bös.

Bald darnach hatten sie wieder kein Brod, und das Brüderchen hörte wieder Abends im Bett, wie die Mutter zu dem Vater sagte, er solle die Kinder hinaus in den großen Wald bringen.

Da fing das Schwesterchen wieder an heftig zu weinen, und das Brüderchen stand wieder auf und wollte Steinchen suchen. Wie es aber an die Thür kam, war sie verschloßen von der Mutter; da fing das Brüderchen an traurig zu werden und konnte das Schwesterchen nicht trösten.

Vor Tag standen sie wieder auf, jedes erhielt wieder ein Stücklein Brot. Wie sie auf dem Weg waren, guckt das Brüderchen oft zurück. Der Vater sagte: „mein Kind, was bleibst du immer stehn und guckst zurück nach dem Häuschen?" „Ach", antwortete das Brüderchen, „ich seh nach meinem Täubchen, das sitzt auf dem Dach und will mir Ade sagen"; heimlich aber zerbröselte es sein Stückchen Brot und ließ immer ein Krümchen fallen. Die Mutter sprach: „geh nur fort, es ist dein Täubchen nicht, es ist das Morgenroth, das auf den Schornstein scheint." Aber das Brüderchen blickte immer noch zurück, und immer ließ es ein Krümchen fallen. Als sie mitten in den großen Wald gekommen, machte der Vater wieder ein großes Feuer an, die Mutter sprach wieder dieselbigen Worte, und beide gingen fort. Das Schwesterchen gab dem Brüderchen die Hälfte von seinem Stücklein Brot, denn das Brüderchen hatte seins auf den Weg geworfen und sie warteten bis zum Abend; da wollte das Brüderchen das Schwesterchen beim Mondschein wieder zurückführen. Aber die Vöglein hatten die Brodkrümchen aufgefreßen, und sie konnten den Weg nicht finden.

Sie gingen immer fort und verirrten sich in dem großen Wald!

Am dritten Tag kamen sie an ein Häuschen, das war aus Brod gemacht; das Dach war mit Kuchen gedeckt, und die Fenster von Zucker. Die Kinder waren gar froh, wie sie das sahen, und das Brüderchen aß von dem Dach und das Schwesterchen von dem Fenster. Wie sie so standen und sichs gut schmecken ließen, da rief eine feine Stimme heraus:

„Knuper, knuper, Kneischen!
Wer knupert an meim Häuschen?“

Die Kinder erschracken sehr.

Bald darauf kam eine kleine, alte Frau heraus, die nahm die Kinder freundlich bei der Hand, führte sie in das Haus und gab ihnen gutes Eßen und legte sie in ein schönes Bett.

Am andern Morgen aber steckte sie das Brüderchen in ein Ställchen, das sollte ein Schweinchen seyn, und das Schwesterchen mußte ihm Waßer bringen und gutes Eßen.

Alle Tage kam sie herzu, da mußte das Brüderchen den Finger herausstrecken, und sie fühlte, ob es bald fett wäre; es streckte aber immer dafür ein Knöchelchen heraus, da meinte sie, es wäre noch nicht fett, und es dauerte länger. Dem Schwesterchen gab sie nichts zu eßen als Krebsschalen, weil es nicht fett werden sollte. Nach vier Wochen sagte sie am Abend zu dem Schwesterchen: „geh hin und hole Waßer und mache es morgen früh heis, wir wollen dein Brüderchen schlachten und sieden; ich will dieweil den Teich zurecht machen, daß wir auch backen können dazu.“

Am andern Morgen, wie das Waßer heis war, rief sie das Schwesterchen vor den Backofen und sprach zu ihm: „setz dich auf das Brett, ich will dich in den Ofen schieben, sieh, ob das Brot bald fertig ist“; sie wollte aber das Schwesterchen darin laßen und braten. Das merkt das Schwesterchen und sprach zu ihr: „ich versteh das nicht; setz dich zuerst darauf, ich will dich hineinschieben.“ Die Alte setzte sich darauf, und das Schwesterchen schob sie hinein, machte die Thüre zu, und die Hexe verbrannte.

Darauf ging es zum Brüderchen und machte ihm sein Ställchen auf. Sie fanden das ganze Häuschen voll Edelgestein; damit füllten sie alle Taschen und brachten sie ihrem Vater, der ward ein reicher Mann; die Mutter aber war gestorben.

aus: Helmut Brackert (Hg.), Und wenn sie nicht gestorben sind …, S. 14–24. © Suhrkamp Verlag, Frankfurt am Main 1980.

M 4

Josef Wittmann: Hänsel und Gretel

Nichts
als die Not gehabt,
erwischt beim Stehlen,
eingesperrt,
ausgebrochen
und ihren Wärter dabei umgebracht.
Und aus denen,
meinst du,
soll noch mal was werden?!

aus: Wolfgang Mieder (Hg.), Mädchen, pfeif auf den Prinzen! Köln 1983, S. 53.

M 5

Cartoon zu „Hänsel und Gretel“

aus: Hans-Jörg Uther (Hg.), Märchen in unserer Zeit. München 1990, S. 23. © Cartoon-Caricature-Contor, München

M 6

Cartoons zum „Froschkönig“

„Diesen Frosch zu küssen war der größte Fehler meines Lebens!“

aus: Klaus Doderer (Hg.), Über Märchen für Kinder von heute. Weinheim 1983, S. 108.

„Du hast gelogen!“

aus: Hans-Jörg Uther (Hg.), Märchen in unserer Zeit. München 1990, S. 18.

„Und sowas nennst du einen Kuß!“

aus: Hans-Jörg Uther (Hg.), Märchen in unserer Zeit. München 1990, S. 17.

„Schnell, küß mich! Da kommt eine Biologieklasse, die auf Exkursion ist.“

aus: Lutz Röhrich, Wage es, den Frosch zu küssen. Köln 1987, S. 155.

© Cartoon-Caricature-Contor, München

„Unter uns gesagt: ich beginne mich zu fragen, ob sie überhaupt eine Prinzessin ist?“

aus: Lutz Röhrich, Wage es, den Frosch zu küssen. Köln 1987, S. 137.

© Cartoon-Caricature-Contor, München

„Und dann habe ich ihr den ganzen Kokolores von wegen Prinz und so weiter vorgezwitschert und vorgehüpft, und – zack – war ich im Bett mit ihr!“

aus: Lutz Röhrich, Wage es, den Frosch zu küssen. Köln 1987, S. 140.

2 Fabel vom „Wolf und Lamm"

Textvergleich: Themengeleitete Verarbeitung von Textinformation

M 1

Illustration der Fabel vom „Wolf und Lamm"

aus: Praxis Deutsch, Jg. 11, März 1984, H. 64, S. 14.

M 2

Äsop (6. Jh. v. Chr.):
Das Böcklein und der Wolf

Als ein Böcklein, welches oben auf einem Hause stand, einen Wolf vorübergehen sah, schimpfte und spottete es denselben.

Da sagte der Wolf: „wisse, nicht du schimpfst mich, sondern der Ort (wo du stehst).

Die Fabel lehrt, daß oft Zeit und Ort Keckheit gegenüber von Stärkeren verleihen.

aus: Wilhelm Binder (Übers. u. Hg.), Die Aesopischen Fabeln. Stuttgart 1866, S. 65.

M 3

Äsop (6. Jh. v. Chr.):
Das Lamm und der Wolf

Ein Lamm, welches an einem hochgelegenen Orte stand, sah von da herab einen Wolf vorübergehen, spottete ihn aus und nannte ihn ein schlechtes, blutdürstiges Thier. Da wandte sich der Wolf um und sagte zu dem Lamme: „nicht du schmähest mich, sondern der hohe Ort, wo du stehst."

Die Fabel geht Solche an, die aus Furcht vor Mächtigeren sich den Uebermuth unwürdiger Menschen gefallen lassen.

aus: Wilhelm Binder (Übers. u. Hg.), Die Aesopischen Fabeln. Stuttgart 1866, S. 68.

M 4

Phädrus (1. Jh. n. Chr.): Wolf und Lamm

Zum gleichen Bach einst kamen Wolf und Lamm,
Vom Durst getrieben. Oben stand der Wolf,
Weit unterhalb das Lamm. Da trieb die Bosheit
Den Räuber, wüsten Streit vom Zaun zu brechen:
„Was machst du mir beim Trinken“, so begann er,
„Das Wasser trüb?“ Das Lamm versetzte ängstlich:
„Wie wäre das denn möglich? Sag es, Wolf!
Das Wasser, das ich trinke, kommt von dir!“
Die Kraft der Wahrheit machte ihn zuerst
Verstummen. Aber gleich begann er wieder:
„Du hast – ein halbes Jahr ist's – mich beleidigt!“
Worauf das Lamm: „Da lebte ich noch gar nicht!“
„Ganz recht, dein Vater war es, der dort schimpfte!“
Dann griff er zu und tötete das Lamm. –
Die Fabel gilt den Menschen, die drauf aus sind,
Mit Lug und Trug die Unschuld zu erdrücken.

aus: Antike Fabeln. Eingel. und neu übertragen von L. Mader.
dtv, München 1973, S. 169 f.

M 5

Babrios (2. Jh. n. Chr.): Wolf und Lamm

Ein Wolf ersah ein Lämmchen von der Schafherde
Verirrt. Nicht wollt er's grade mit Gewalt rauben.
Er suchte darum nach gutem Schein zur Anklage:
„Ein Jahr ist's, daß du noch gar klein mich ausschimpftest.“
„Ein Jahr gewiß nicht, da ich noch kein Jahr alt bin.“
„Du hast benagt den Acker, den ich mein nenne.“
„Noch fraß ich nie vom Acker, noch vom Grünfutter.“
„Und trübtest du den Quell mir nicht, den ich trinke?“
„Gewiß nicht, da bis heut mich Muttermilch nähret.“
Da faßt der Dieb das Lämmlein und es auffressend
Spricht er: „Du sollst die Mahlzeit nicht dem Wolf rauben,
Und könntest du auch jede Schuld mir wegstreiten.“

aus: Babrios' Fabeln. Übersetzt von G. Wilhelm Hertzberg. Halle 1846, S. 42f.

M 6

Ulrich Boner (1324–1349): Von einem Wolfe und einem Schâfe

Ein wolf von durste dar zuo kam
daz er den weg zem wazzer nam,
daz selbe ouch ein schâf beschach:
si giengen beide in einen bach.
der wolf verr ob dem schâfe trank;
zuozim sprach er: „nu hab undank!
daz du mich trinken nicht enlâst,
dar zuo den bach getrüebet hâst,
daz mag dir vil wol schade wesen!“
daz schâf sprach: „wolf, lâ mich genesen!
ich hab dir schaden nicht getân.
ez ist wâr, ân allen wân,
daz der bach vliuzt har zuo mir
und vliuzt nicht wider ûf zuo dir;
dâ von hâstu das wazzer mir
betrüebet zwar, und ich nicht dir.“
der wolf daz schâf zornlîch an sach;
vil herteklich er zuozim sprach:
„sag an, waz sol dirr widerkîp,
daz du mir dröuwest an den lîp?
sol ichz von dir nicht bezzer hân?
dîn vatter hât mirz ouch getân;
vor siben jâren daz beschach,
dô ich dich bî dîm vatter sach.“
dô sprach daz einvalt schaefelîn:
„her wolf, dîn wort gevaere sîn,
du hâst mîn jâ unrecht gezalt,
ich bin nicht siben mânôt alt.
dar zuo sprichst du, ich dröuwe dir:
daz ist nicht wâr, du dröuwest mir.“
der wolf sprach in der selben stunt:
„sag an, wie getarstu înen munt
ûf tuon und reden wider mich
mit glîcher hôchvart? daz wil ich
an dir nu rechen; daz ist zît!“
er tôt daz schâf ân alez bît.
Dis bîschaft hoeret wol die an,
die mit hôchvart manigen man
verderben durch ir übermuot.
wenn der schuldig schaden tuot
dem, der gar unschuldig ist,
daz reche got! – den argen list
noch vil maniger hêrre hât
ze dorf, ze burg, und ouch ze stat.
der âne recht lîp unde guot
verderbt, durch sînen swachen muot,
der armen, die unschuldig sint,
daz weisen werdent iriu kint,
der muoz verwâzen iemer sîn,
daz gotes wunder werden schîn.

aus: Der Edelstein von Ulrich Boner, hg. v. Franz Pfeiffer. Leipzig 1844, S. 9f.

M 7

Martin Luther (1483–1546): Vom Wolff und Lemlin

Ein Wolff und Lemlin kamen on gefehr beide / an einen Bach zu trincken. Der Wolff tranck oben am Bach / das Lemlin aber fern unten. Da der Wolff des Lemlins gewar war / lieff er zu jm / und sprach / Warumb truebestu mir das Wasser / das ich nicht trincken kan? Das Lemlin antwortet / Wie kan ich dirs Wasser trueben / trinckestu doch uber mir / und moechtest es mir wol trueben? Der Wolff sprach / Wie? Fluchstu mir noch dazu? Das Lemlin antwortet / Ich fluche dir nicht. Der Wolff sprach / Ja dein Vater thet mir fuer sechs Monden auch ein solchs. Du wilt dich Vetern. / Das Lemlin antwortet / Bin ich doch dazumal nicht geborn gewest wie sol ich meins Vaters entgelten? Der Wolff sprach / So hastu mir aber mein Wiesen und Ecker abgenaget und verderbet. Das Lemlin antwortet / Wie ist das moeglich / hab ich doch noch keine Zeene? Ey sprach der Wolff / und wenn du gleich viel ausreden und schwetzen kanst / wil ich dennoch heint nicht ungefressen bleiben / und wuerget also das unschueldig Lemlin / und fraß es.

Lere.

Der Welt lauff ist / wer Frum sein wil / der mus leiden / solt man eine Sache vom alten Zaun brechen / Denn Gewalt gehet fur Recht. Wenn man dem Hunde zu wil / so hat er das Ledder gefressen. Wenn der Wolff wil / so ist das Lamb unrecht.

aus: Martin Luthers Fabeln. Nach seiner Handschrift und den Drucken mit einem vergl. Teil von Boner bis Krylow, neu hg. v. Willi Steinberg, Halle/Saale: Niemeyer 1961, Neudrucke deutscher Literaturwerke des 16. u. 17. Jahrhunderts, Nr. 76, S. 27f.

M 8

Burkhard Waldis (1495–1556): Von dem Wolf und dem Lamb

Ein wolf het glaufen in der sonnen
Und kam zu einem külen bronnen.
Als er nun trank, sich weit umbsach,
Ward er dort niden an dem bach
Eins lambs gewar, das auch da trank.
Gar zorniglich der wolf zusprank
Und sprach: „Du trübst das waßer mir,
Daß ich nicht trinken kan für dir.“
Das lamb erschrack und sprach: „Herr, nein!
Bitt, wöllest nicht so zornig sein
Und kein gewalt wider mich üben!
Wie kan ich euch das waßer trüben?
Das waßer, welchs ich trunken hab,
Das fleußt von euch zu mir herab;
Tu euch hiemit nichts zu verdrießen:
Drumb laßt mich meiner unschuld gnießen.
Wenn ich schon wolt, könt ich doch nit
Euch etwas schaden tun hiemit.“
Der wolf sprach: „Schweig, du böses tier!
All deine freunde haben mir
Von anbeginn zuwidern tan,
Dein bruder und deinr mutter man;
Kunt mit in kommen nie zu recht;
Ihr seid ein bös, verflucht geschlecht.
Meins schadns wil ich mich jetzt erholen
Du must mir heut das glach bezalen.“
Der wolf zeigt die tyrannen an,
Das lamb die armen undertan.
Denn so geschicht noch heut bei tag:
Wo der groß übern kleinen mag,
Wirft er auf in sein ungedult,
Unangesehn ob er hab schult.
Doch hat der gsündigt allzu vil,
Den man zur antwort nicht statten wil.
Wenn man gern schlagen wolt den hund,
Findt sich der knüttel selb zur stund.
Die hund das brot den kindern nemen:
Die alten laßens wol bezemen.
Der weih die tauben tut bekriegen
Und leßt schedliche rappen fliegen;
Und wo der zaun am nidrigsten ist,
Da steigt man über zu aller frist.

aus: Esopus von Burchhard Waldis, hg. v. Julius Tittmann. Leipzig 1882, 1. Theil, S. 13f.

M 9

Daniel Wilhelm Triller (1695–1782): Das Schaf und der Wolf

Nachdem es ungefehr sich traf,
daß hier ein Wolf, und dort ein Schaf
Bey einem Bach zusammen kommen,
Und beyde Seiten eingenommen:
So sprach das Schaf, was thu ich hier,
Daß du mit frecher Mordbegier
Mir stets nach meinem Leben trachtest,
Und mich so unbarmherzig schlachtest,
Wenn es mein Unfall mit sich bringt,
Daß dir dein Straßenraub gelingt?
Mit nichten! ließ der Wolf sich hören,
Du irrst dich sehr, mein guter Freund,
Denn, tracht ich gleich, dich zu verzehren;
Ists doch so böse nicht gemeynt.
Aus keinem Haß entstehn die Triebe,
In meiner dir geneigten Brust;
Dein süßes Fleisch erweckt mir Lust,
Ich freß dich nur aus lauter Liebe.
So macht es mancher falsche Freund,
Er schwätzt von nichts, als lauter Liebe,
Giebt aber dann die schärfsten Hiebe,
Wenn er am allerfrömmsten scheint.
Doch wenn die Bosheit klar erhellet,
Und man ihn drum zur Rede stellet:
Ist er wohl noch so frech zu sagen:
Es ist zwar übel ausgeschlagen:
Doch war es gut von mir gemeynt.

aus: Daniel Wilhelm Triller, Neue Aesopische und moralische Fabeln. Hamburg 1740, S. 35.

M 10

Jean de La Fontaine (1621–1695): Der Wolf und das Lamm

Des Stärkern Recht ist stets das beste Recht gewesen –
Ihr sollt's in dieser Fabel lesen.
Ein Lamm löscht' einst an Baches Rand
Den Durst in dessen klarer Welle.
Ein Wolf, ganz nüchtern noch, kommt an dieselbe Stelle,
Des gier'gen Sinn nach guter Beute stand.
„Wie kannst du meinen Trank zu trüben dich erfrechen?" –
Begann der Wüterich zu sprechen –
„Die Unverschämtheit sollst du büßen, und sogleich!" –
„Eu'r Hoheit brauchte" – sagt das Lamm, vor Schrecken bleich –
„Darum sich so nicht aufzuregen!
Wollt doch nur gütigst überlegen,
Daß an dem Platz, den ich erwählt,
Von Euch gezählt,
Ich zwanzig Schritt stromabwärts stehe;
Daß folglich Euren Trank – seht Euch den Ort nur an –
Ich ganz unmöglich trüben kann." –
„Du trübst ihn dennoch!" – spricht der Wilde. „Wie ich sehe,
Bist du's auch, der auf mich geschimpft im vor'gen Jahr!" –
„Wie? Ich, geschimpft, da ich noch nicht geboren war?
Noch säugt die Mutter mich; fragt nach im Stalle."
„Dein Bruder war's in diesem Falle!"
„Den hab ich nicht." – „Dann war's dein Vetter! Und
Ihr hetzt mich und verfolgt mich alle,
Ihr, euer Hirt und euer Hund.
Ja, rächen muß ich mich, wie alle sagen!" –
Er packt's, zum Walde schleppt er's drauf,
Und ohne nach dem Recht zu fragen,
Frißt er das arme Lämmlein auf.

aus: Jean de La Fontaine, Sämtliche Fabeln, hg. v. Hermann Lindner. dtv, München 1981, S. 28f.

M 11

Gotthold Ephraim Lessing (1729–1781): Der Wolf und das Schaf

Der Durst trieb ein Schaf an den Fluß; eine gleiche Ursache führte auf der andern Seite einen Wolf herzu. Durch die Trennung des Wassers gesichert und durch die Sicherheit höhnisch gemacht, rief das Schaf dem Räuber hinüber: „Ich mache dir doch das Wasser nicht trübe, Herr Wolf? Sieh mich recht an; habe ich dir nicht etwa vor sechs Wochen nachgeschimpft? Wenigstens wird es mein Vater gewesen sein." Der Wolf verstand die Spötterei; er betrachtete die Breite des Flusses und knirschte mit den Zähnen. Es ist dein Glück, antwortete er, daß wir Wölfe gewohnt sind, mit euch Schafen Geduld zu haben; und ging mit stolzen Schritten weiter.

aus: G. E. Lessing, Gesammelte Werke, hg. v. Paul Rilla, Bd. I. Berlin 1954, S. 303.

M 12

Christian August Fischer (1771–1829): Der Wolf und die Schafe

„O Vater der Götter!" – ruften die Schafe: – „Errette uns von dem grausamen Wolfe! Es ist ein Tyrann, der uns alle verzehrt."

„Euch alle?" – erwiederte Jupiter: – „Seid ihr nicht tausend gegen Einen? Warum zerstreut ihr euch? Ich habe ihn nicht zu eurem Tyrannen, und euch nicht zu seinen Sklaven geschaffen! Sehet ihr selbst zu!" Les tyrans ne sont forts que de votre faiblesse. Der Wolf war nur durch ihre Schwäche stark!

aus: Christian August Fischer, Politische Fabeln. Königsberg 1804, S. 166f.

M 13

Louis Ratisbonne (1827–1900): Das Lamm und der Wolf

Ein sauberes weißes Lamm trank in einem Bach. Da kommt der Wolf und sagt zu ihm: „Du hast mir dieses Wasser schmutzig gemacht; deshalb muß ich dich fressen.“ Der Hammel antwortet mit Engelszunge: „Gnade, Herr Wolf, seid doch nicht gleich so böse! Dann werde ich eben weiter weg trinken gehen.“ Darauf der Wolf, wobei er immer näher kommt: „Was, ich ein Bösewicht! Wenn es nach dir geht, bin ich also ein Bösewicht? Die Sache mit dem Trinken hätte ich dir ja noch verziehen; aber diese Beleidigung schreit nach Blut. Dafür wirst du sterben: ich fresse dich!“ Im gleichen Augenblick rief eine Stimme: „Noch nicht!“ Und das war ein Jäger, der in der Nähe vorüberkam, und wie er das schreckliche Tier auf das zitternde Lamm losgehen sieht, schießt er ihm mit seinem Gewehr eine Kugel in den Kopf. Das lustige Lamm ist gerettet, und – paff! – der Wolf ist tot. – Die Lämmer haben recht, die Wölfe immer unrecht.

aus: Fabeln der Neuzeit. England, Frankreich, Deutschland. Hg. v. Hermann Lindner. Wilhelm Fink, München 1978, S. 300.

M 14

Gerhard Branster (* 1927): Die Freiheit hat zwei Seiten ...

Die Freiheit hat zwei Seiten,
das läßt sich nicht bestreiten.

Ein Hammel trat vor den Tiger und beschwerte sich darüber, daß es den Wölfen ungestraft erlaubt sei, die Schafe zu fressen. –

Euch soll Gerechtigkeit werden, sprach der Tiger. Und er erließ ein Gesetz, das den Schafen erlaubte, die Wölfe ungestraft zu fressen. – Da freute sich der Hammel und rief: Jetzt haben wir den absoluten Rechtsstaat. –

Das wurde auch Zeit, meinte der Tiger, die Wölfe haben sich schon lange genug darüber geärgert, daß man ihnen vorwerfen konnte, sie seien vom Gesetz bevorteilt.

aus: Gerhard Branster, Der Esel als Amtmann oder das Tier ist auch nur ein Mensch. Fischer, Frankfurt 1979, Nr. 8.

M 15

Helmut Arntzen (*1931): Der Wolf kam zum Bach

Der Wolf kam zum Bach. Da entsprang das Lamm.
Bleib nur, du störst mich nicht, rief der Wolf.
Danke, rief das Lamm zurück, ich habe im Äsop gelesen.

aus: Helmut Arntzen, Kurzer Prozeß. München 1966, S. 64.

M 16

Phädrus über Äsop

Jetzt sei, weshalb die Fabel man erfand,
Noch kurz berichtet. Der bedrängte Sklave,
Der, was er mochte, nicht zu sagen wagte,
Barg seines Herzens Meinung in die Fabel
Und wich dem Vorwurf aus in droll’ger Maske.

aus: Phädrus’ des Freigelassenen des Augustus Äsopische Fabeln. Deutsch von Johannes Siebelis, Berlin, S. 25.

M 17

Martin Luther: Vorrede zu „Etliche Fabeln aus Esopo“

Nicht allein aber die Kinder / sondern auch die grossen Fuersten und Herrn / kan man nicht bas betriegen / zur Warheit / und zu jrem nutz / denn das man jnen lasse die Narren die Warheit sagen / dieselbigen koennen sie leiden und hoeren / sonst woellen oder koennen sie / von keinem Weisen die Warheit leiden / Ja alle Welt hasset die Warheit / wenn sie einen trifft.
Darumb haben solche weise hohe Leute die Fabeln ertichtet / und lassen ein Thier mit dem andern reden / Als solten sie sagen / Wolan / es wil niemand die Warheit hoeren noch leiden / und man kan doch der Warheit nicht emberen / So woellen wir sie schmuecken / und unter einer luestigen Luegenfarbe und lieblichen Fabeln kleiden / Und weil man sie nicht wil hoeren / durch Menschen mund / das man sie doch hoere / durch Thierer und Bestien mund. So geschichts denn / wenn man die Fabeln lieset / das ein Thier dem andern / ein Wolff dem andern / die Warheit sagt / Ja zuweilen / der gemalete Wolff oder Beer / oder Lewe im Buch / dem rechten zweifuessigen Wolff und Lewe einen guten Text heimlich lieset / den jm sonst kein Prediger / Freund noch Feind lesen duerffte.

aus: Martin Luthers Fabeln. Nach seiner Handschrift und den Drucken mit einem vergleichenden Teil von Boner bis Krylow. Neu hg. v. Willi Steinberg, Halle a.d. Saale: Niemeyer 1961, S. 84.

M 18

Gotthold Ephraim Lessing: Von dem Wesen der Fabel (1759)

Der Endzweck der Fabel, das, wofür die Fabel erfunden wird, ist der moralische Lehrsatz. (...)

Doch nicht genug, daß das, was die Fabel erzehlt, eine Folge von Veränderungen ist; alle diese Veränderungen müssen zusammen nur einen einzigen anschauenden Begriff in mir erwecken. (...)

Wenn wir einen allgemeinen moralischen Satz auf einen besonderen Fall zurückführen, diesem besonderen Falle die Wirklichkeit ertheilen, und eine Geschichte daraus dichten, in welcher man den allgemeinen Satz anschauend erkennt: so heißt diese Erdichtung eine Fabel.

aus: Texte zur Theorie der Fabel, hg. v. Erwin Leibfried und Josef M. Werle. Stuttgart 1978, S. 54 u. 56.

M 19

Helmut Arntzen: Neue Fabeln

Die Menschen behaupten, wir seien Fabelwesen, sagte der Löwe zu den Tieren. Ist das schlimm? fragte das Einhorn.

Natürlich, rief der Esel. Wenn wir nicht tatsächlich sind, sind wir gar nichts.

Können wir das verhindern? fragten ängstlich die Tiere.

Leicht, sagte der Esel. Wir geben eine Zeitung heraus.

Ich verstehe das nicht, sagte der alte Affe. Kunst war zu meiner Zeit, die Menschen nachzumachen.

Unsinn, rief der jüngere, der einen Pinsel halten konnte, es kommt auf Kreativität an. Und er beschmierte ein weißes Blatt.

Es braucht gar keine Kunst, schrie der jüngste. Kommunikation ist nötig.

Wie macht man das? fragten die beiden älteren.

Zum Beispiel, erklärte der jüngste, wir blekken alle mit den Zähnen.

Die Menschen haben die Sprache verloren, sagte der Hund.

Aber sie reden doch fortwährend, riefen die anderen Tiere.

Das täuscht, sagte der Hund. Sie geben nur noch Laut, damit es nicht totenstill ist.

Wieder sang die Grille.
Wieder moquierten sich die Ameisen.

Wie redundant, rief die eifrigste. Dabei könnte sie mit ihrem Gezirpe eine Nachrichtenagentur eröffnen.

Als endlich die totale Kommunikation hergestellt war, kamen die Tiere zu den Menschen.

– Können wir wahrhaftig miteinander sprechen? fragten sie.

Miauwauwaukikerikimääh! kam es aus den Mündern der Menschen.

Die Eigentümlichkeit der Wölfe unserer Zeit besteht darin, daß sie als Schafe anerkannt sein möchten.

aus: Praxis Deutsch, Jg. 11, März 1984, H. 64, S. 11–13.

M 20

Matrix – Traditionelle Gestaltung der Fabel vom „Wolf und Lamm“

	Phädrus, M 4	Babrios, M 5	Boner, M 6	Luther, M 7	Waldis, M 8	La Fontaine, M 10
Personal						
Ort / Situation						
Handlungsausgang						
Actio						
Argumente / Behauptungen						
Reactio						
Antithese						
Aussage						
Promythion						
Epimythion						
Sprachliche Form / Aufbau						

M 21

Matrix – Umstrukturierung der Fabel vom „Wolf und Lamm“

	Triller, M 9	Lessing, M 11	Ratisbonne, M 13	Arntzen, M 15
Personal				
Ort / Situation				
Handlungsausgang				
Actio				
Argumente / Behauptungen				
Reactio				
Antithese				
Aussage				
Promythion				
Epimythion				
Sprachliche Form / Aufbau				

M 22

Lösungsbeispiele (zu M 20)

	Phädrus, M 4	Babrios, M 5	Boner, M 6	Luther, M 7	Waldis, M 8	La Fontaine, M 10
Personal	Wolf, Lamm	Wolf, Lamm	Wolf, ‚Schaf' (7 Monate)	Wolf, Lamm	Wolf, Lamm	Wolf, Lamm
Ort / Situation	Bach W: stromaufwärts L: stromabwärts	von Schafherde verirrt	Bach	Bach	Bach	Bach, Wald
Handlungsausgang	Tötung des L.	Tötung / Auffressen des L.	Tötung des L.	Tötung / Auffressen des L.	Andeutung der Tötung	Tötung / Auffressen des L.
Actio	W: Vorwurf 1 2 3	W: Vorwurf 1 2 3 Angabe des wahren Grundes	W: Vorwurf 1 2 3 Rache als Grund	W: Vorwurf 1 2 3 Angabe des wahren Grundes	W: Vorwurf 1 2 3 Rache als Grund	W: Vorwurf 1 2 3 4 Rache als Grund
Argumente / Behauptungen	Wasser trüben Beleidigung L. Beleidigung durch Vater	Beleidigung Acker Wasser trüben Vorenthaltung des Fressens	Wasser trüben Beleidigung L. und Vater Überhebung	Wasser trüben Beleidigung L. und Vater Acker Fressen	Wasser trüben Böse Sippschaft	Wasser trüben Beleidigung L. Beleidigung Bruder Verfolgung Meinung aller
Reactio	L: Entgegnung 1 2	L: Entgegnung 1 2 3	L: Bitte und Umkehr der Anklage 1 Umkehr der Anklage 2	L: Umkehr der Anklage 1 Entgegnung 2 3	L: Bitte und Entgegnung 1	L: Schmeichelei / Bitte und Entgegnung 1 Entgegnung und Anrufung von Zeugen 2 Entgegnung 3
Antithese	Lüge – Wahrheit	Gewalt – rechtmäßige Anklage / Verteidigung	Schuld – Unschuld	Gewalt – Recht	Tyrann / Schuld – Untertan / Unschuld	Natürliche Gewalt – gesellschaftl. Recht
Aussage	Lüge / Böses siegt über die Unschuld	Unschuldiger wehrlos / Verteidigung sinnlos	Hoffnung auf jenseitige Gerechtigkeit	„Der Welt lauff"	„So geschicht" es	Recht des Stärkeren siegt
Promythion	–	(Schein der Anklage)	–	–	–	Recht des Stärkeren
Epimythion	Lug und Trug der Menschen	–	Überhebung führt zur Verderbnis	Frommer leidet Gewalt vor Recht, Schuld entgeht Strafe, Starker bestimmt Recht	Macht bewirkt Willkür und Sünde	–
Sprachliche Form / Aufbau	Prosa straffe Form	Prosa straffe Form	Verse Erweiterung Exposition Epimythion	Prosa Erweiterung Epimythion	Verse Erweiterung Exposition Epimythion	Verse Erweiterung Exposition Actio – Reactio Schauplatzwechsel

M 23

Lösungsbeispiele (zu M 21)

	Triller, M 9	Lessing, M 11	Ratisbonne, M 13	Arntzen, M 15
Personal	Schaf, Wolf	Wolf, Schaf	Lamm, Wolf	Wolf, Lamm
Ort / Situation	Bach durch Ufer getrennt	Fluß durch Ufer getrennt	Bach Entfernung – Nähe	Bach
Handlungsausgang	Andeutung des Fressens	offen Rückzug des W.	Tötung des W. (durch Jäger)	Flucht des L.
Actio	Schaf: Anklage	Schaf: Spott ‚Vorwurf 1‘ 2 3	W: Vorwurf 1 2 Rache als Grund	L: Flucht
Argumente / Behauptungen	W: als Mörder	Zitate: Wasser trüben Beleidigung L. Beleidigung Vater	Wasser trüben Beleidigung	Kenntnis des Aesop
Reactio	Entgegnung: Liebe statt Haß	Zähneknirschen ‚Geduld‘ Stolz	L: Bitte um Gnade 1 J: Erschießen 2	‚Bittet‘ L. zu bleiben
Antithese	Haß – Liebe	Selbstbewußtsein – Niederlage	Ohnmacht – Stärke	Täuschung – Wissen
Aussage	Der falsche Freund ist nicht nur scheinheilig, sondern dreist	Spott des Schwachen gegenüber dem Mächtigen ist situationsabhängig	Es gibt noch Stärkere	Bildung / Mißtrauen rettet
Promythion	–	–	–	–
Epimythion	Übertragung auf falsche Freunde	–	Lämmer haben recht – Wölfe haben unrecht	–
Sprachliche Form / Aufbau	Verse Erweiterung Rede / Gegenrede Epimythion	Prosa Straffung	Prosa Erweiterung: Figur Überschreitung der Gattung, Parodie	Prosa Reduktion

3 Satirische Texte – Loriot: Der Familienbenutzer

Erarbeitung der Funktion von Textstrukturen

M 1

Loriot: Der Familienbenutzer

Meine Damen und Herren, gewiß, Heiligabend ist erst morgen, aber es kann immerhin nicht schaden, sich schon heute einmal ein paar Gedanken darüber zu machen, womit wir unseren Lieben aus Familie und Freundeskreis eine Freude machen könnten. In diesem Zusammenhang freuen wir uns, daß wir heute nachmittag Frau Direktor Bartels im Studio begrüßen konnten. Sie ist Alleinherstellerin eines neuartigen Geschenkartikels, der schon Ende dieser oder Anfang nächster Woche in allen einschlägigen Geschäften erhältlich sein dürfte. Chefreporter Kurt Rösner sprach mit ihr.

Rösner. Frau Direktor Bartels, Sie sind ...
Frau Bartels. Ich leite **das** führende Unternehmen der Geschenkartikelbranche und habe mir die Frage gestellt, weiß **überhaupt** jemand, was er seinen Lieben auf den Gabentisch legen soll? Niemand weiß das, gell?

Rösner. Hm ... hm ... und da haben sie einen ...

Frau Bartels. Da habe ich **den** Bartelsschen-Familien-Original Benutzer herausgebracht, gell? Für den Herrn, für die Dame, für das Kind, gell?

Rösner. Ah-ja ... famos, wirklich wunderhübsch, gnä Frau ... und was kann man, wie soll man ... ich meine, wozu ... äh ...

Frau Bartels. Bitte?

Rösner. Ich meine, wie benutzt man den ... äh ... Familienverwender?

Frau Bartels. Familien-Benutzer, Herr Rösner ... Familien-Original-Benutzer ... gell?

Rösner. Ah-ja ... Original-Familien-äh ...

Frau Bartels. Es ist ein Artikel, der schon durch seine gefällige Form anspricht, gell? Er ist formschön, wetterfest, geräuschlos, hautfreundlich, pflegeleicht, völlig zweckfrei und – gegen Aufpreis – auch entnehmbar. Ein Geschenk, das Freude macht, für den Herrn, für die Dame, für das Kind, gell?

Rösner. Soso ... Er ist also im weitesten Sinne als Familien-Gebraucher ...

Frau Bartels. Benutzer! ... Familien-Benutzer ... das sagte ich Ihnen doch schon, gell?
Rösner. Ich wollte ja auch eben sagen, man benutzt den Familien-Verwender weniger als Gebrauchs ...
Frau Bartels. Sie sollen den Familien-Benutzer als Benutzer gebrauchen ... mein Gott, drücke ich mich denn so undeutlich aus ...

Rösner. Ich fragte ja auch nur, ob die Benutzung des Familien-Verw ... äh ... die Verwendung des Familien-Benutzers nur für den Familiengebrauch oder ...

Frau Bartels. Was?
Rösner (schweigt irritiert – dann ganz ruhig). Ob Sie den Familien-Original-Benutzer nur als Familien-Benutzer benutzen, oder ob beispielsweise auch im Freundeskreis ein Gebrauch des Benutzers ...

Frau Bartels. Herr Rösner, ich befinde mich in einer Anstalt des öffentlichen Rechts und lasse mich nicht in dieser Weise von Ihnen provozieren, gell? ... Um es noch einmal in aller Deutlichkeit zu wiederholen: Jeder halbwegs gebildete Mensch kann den Familien-Original-Verwutzer bewenden, aber nicht als Bewender verwutzen, gell?

Rösner. Ah, ja ... vielen Dank, Frau Direktor Bartels.

Frau Bartels. Bitte ... bitte ...

M 2

Friedrich Schiller: Satirische Dichtung (Auszug)

Satirisch ist der Dichter, wenn er die Entfernung von der Natur und den Widerspruch der Wirklichkeit mit dem Ideale (in der Wirkung auf das Gemüt kommt beides auf eins hinaus) zu seinem Gegenstande macht. Dies kann er aber sowohl ernsthaft und mit Affekt als scherzhaft und mit Heiterkeit ausführen, je nachdem er entweder im Gebiete des Willens oder im Gebiete des Verstandes verweilt. Jenes geschieht durch die **strafende** oder pathetische, dieses durch die **scherzhafte** Satire. (...)

In der Satire wird die Wirklichkeit als Mangel dem Ideal als der höchsten Realität gegenübergestellt. Es ist übrigens gar nicht nötig, daß das letztere ausgesprochen werde, wenn der Dichter es nur im Gemüt zu erwecken weiß; dies muß er aber schlechterdings, oder er wird gar nicht poetisch wirken. Die Wirklichkeit ist also hier ein notwendiges Objekt der Abneigung; aber, worauf hier alles ankömmt, diese Abneigung selbst muß wieder notwendig aus dem entgegenstehenden Ideale entspringen.

aus: Friedrich Schiller, Über naive und sentimentalische Dichtung. Reclam, Stuttgart 1969, S. 42–43.

M 3

Ingeborg Bachmann: Reklame

Wohin aber gehen wir
ohne sorge sei ohne sorge
wenn es dunkel und wenn es kalt wird
sei ohne sorge
aber
mit musik
was sollen wir tun
heiter und mit musik
und denken
heiter
angesichts eines Endes
mit musik
und wohin tragen wir
am besten
unsre Fragen und den Schauer aller Jahre
in die Traumwäscherei ohne sorge sei ohne sorge
was aber geschieht
am besten
wenn Totenstille

eintritt

aus: Ingeborg Bachmann, Werke, hg. v. Christine Koschel u. a., Bd. 1, S. 114.

M 4

Erich Kästner: Sogenannte Klassefrauen

Sind sie nicht pfuiteuflisch anzuschauen?
Plötzlich färben sich die Klassefrauen,
weil es Mode ist, die Nägel rot!
Wenn es Mode wird, sie abzukauen
oder mit dem Hammer blauzuhauen,
tun sie's auch. Und freuen sich halbtot.

Wenn es Mode wird, die Brust zu färben
oder falls man die nicht hat, den Bauch ...
Wenn es Mode wird, als Kind zu sterben
oder sich die Hände gelbzugerben,
bis sie Handschuhn ähneln, tun sie's auch.

Wenn es Mode wird, sich schwarzzuschmieren ...
Wenn verrückte Gänse in Paris
sich die Haut wie Chinakrepp plissieren ...
Wenn es Mode wird, auf allen vieren
durch die Stadt zu kriechen, machen sie's.

Wenn es gälte Volapük zu lernen
und die Nasenlöcher zuzunähn
und die Schädeldecke zu entfernen
und das Bein zu heben an Laternen –
morgen könnten wir's bei ihnen sehn.

Denn sie fliegen wie mit Engelsflügeln
immer auf den ersten besten Mist.
Selbst das Schienbein würden sie sich bügeln!
Und sie sind auf keine Art zu zügeln,
wenn sie hören, daß was Mode ist.

Wenn's doch Mode würde, zu verblöden!
Denn in dieser Hinsicht sind sie groß.
Wenn's doch Mode würde, diesen Kröten
jede Öffnung einzeln zuzulöten!
Denn dann wären wir sie endlich los.

aus: Erich Kästner, Gesammelte Schriften für Erwachsene, Atrium Verlag, Zürich 1969.

M 5

A. Paul Weber: Rückgrat raus! (1934)

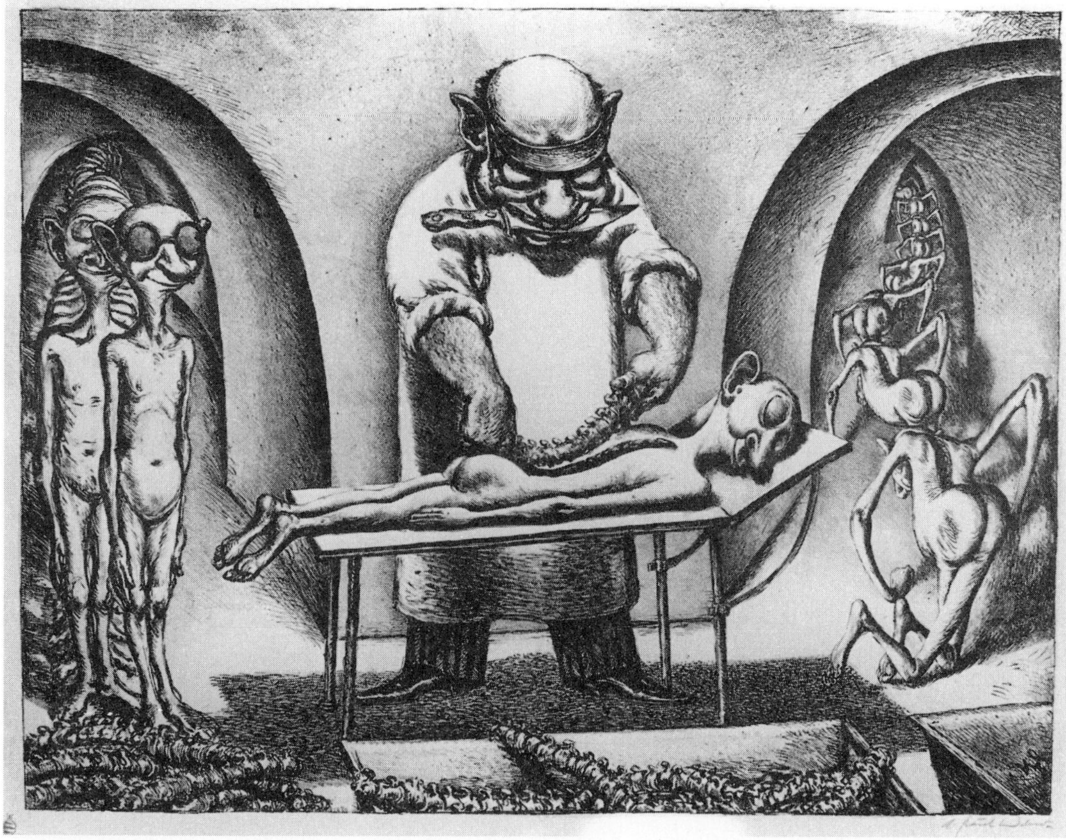

Vierfarb-Lithographie © VG Bild-Kunst, Bonn 1994. Fotograf: H. J. Wohlfahrt, Ratzeburg.

M 6

Anonym: Zehn kleine Meckerlein

Zehn kleine Meckerlein
Die tranken einmal Wein
Der eine machte Goebbels nach
Da waren's nur noch neun

Neun kleine Meckerlein
Die haben was gedacht
Dem einen hat man's angemerkt
Da waren's nur noch acht

Acht kleine Meckerlein
Die haben was geschrieben
Und bei dem einen fand man's dann
Da waren's nur noch sieben

Sieben kleine Meckerlein
Die fragte man: na schmeckt's
Der eine sagte Schweinefraß
Da waren's nur noch sechs

Sechs kleine Meckerlein
Die trafen einen Pimpf
Der eine sagte Lausebalg
Da waren's nur noch fünf

Fünf kleine Meckerlein
Die spielten mal Klavier
Der eine spielte Mendelssohn
Da waren's nur noch vier

Vier kleine Meckerlein
Die sprachen mal von Ley
Der eine sagte Immerblau
Da waren's nur noch drei

Drei kleine Meckerlein
Die hörten Radio
Der eine stellte England ein
Da waren's nur noch zwo

Zwei kleine Meckerlein
Die traten mal in Dreck
Der eine sagte Nazibraun
Da war er auch schon weg

Der letzte der ließ dies Gedicht
Am falschen Orte sehn
Da bracht man ihn nach Dachau hin
Da waren's wieder zehn

aus: Peter Rühmkorf, Über das Volksvermögen, S. 167–168. © 1967 by Rowohlt Verlag GmbH, Reinbek.

M 7

Ludwig Thoma: Der Krieg. Ein Schulaufsatz

Der Krieg (bellum) ist jener Zustand, in welchem zwei oder mehrere Völker es gegeneinander probieren. Man kennt ihn schon seit den ältesten Zeiten, und weil er so oft in der Bibel vorkommt, heißt man ihn heilig.

Im alten Rom wurde der Tempel geschlossen, wenn es anging, weil der Gott Janus vielleicht nichts davon wissen wollte.

Das ist aber ein lächerlicher Aberglaube und durch das Christentum abgeschafft, welches die Kirchen deswegen nicht schließt.

Es gibt Religionskriege, Eroberungskriege, Existenzkriege, Nationalkriege usw. Wenn ein Volk verliert, und es geht dann von vorne an, heißt man es einen Rachekrieg. Am häufigsten waren früher die Religionskriege, weil damals die Menschen wollten, daß alle Leute Gott gleich liebhaben sollten, und sich deswegen totschlugen. In der jetzigen Zeit gibt es mehr Handelskriege, weil die Welt jetzt nicht mehr so ideal ist.

Wenn es im Altertum einen Krieg gab, zerkriegten sich auch die Götter. Die einen halfen den einen, und die andern halfen den andern. Man sieht das schon im Homer. Die Götter setzten sich auf die Hügel und schauten zu. Wenn sie zornig wurden, hauten sie sich auf die Köpfe.

Das heißt, die Alten glaubten das. Man muß darüber lachen, weil es so kindlich ist, daß es verschiedene Gottheiten gibt, welche sich zerkriegen. Heute glauben die Menschen nur an einen Gott, und wenn es angeht, beten sie, daß er ihnen hilft.

Auf beiden Seiten sagen die Priester, daß er zu ihnen steht, welches aber nicht möglich ist, weil es doch zwei sind.

Man sieht es erst hinterdrein. Wer verliert, sagt dann, daß er bloß geprüft worden ist. Wenn der Krieg angegangen ist, spielt die Musik. Die Menschen singen dann auf der Straße und weinen. Man heißt dies die Nationalhymne.

Bei jedem Volk schaut dann der König zum Fenster heraus, wodurch die Begeisterung noch größer wird. Dann geht es los. Es beginnt der eigentliche Teil des Krieges, welchen man Schlacht heißt.

Sie fängt mit einem Gebet an, dann wird geschossen, und es werden die Leute umgebracht. Wenn es vorbei ist, reitet der König herum und schaut, wie viele tot sind. Alle sagen, daß es traurig ist, daß so etwas sein muß. Aber die, welche gesund bleiben, trösten sich, weil es doch der schönste Tod ist.

Nach der Schlacht werden wieder fromme Lieder gesungen, was schon öfter gemalt worden ist. Die Gefallenen werden in Massengräber gelegt, wo sie ruhen, bis die Professoren sie ausgraben lassen.

Dann kommen ihre Uniformen in ein Museum; meistens sind aber nur mehr die Knöpfe übrig. Die Gegend, wo die Menschen umgebracht worden sind, heißt man das Feld der Ehre.

Wenn es genug ist, ziehen die Sieger heim; überall ist eine große Freude, daß der Krieg vorbei ist, und alle Menschen gehen in die Kirche, um Gott dafür zu danken. Wenn einer denkt, daß es doch gescheiter gewesen wäre, wenn man gar nicht erst angefangen hätte, so ist er ein Sozialdemokrat und wird eingesperrt.

Dann kommt der Friede, in welchem der Mensch verkümmert, wie Schiller sagt. Besonders die Invaliden, weil sie kein Geld kriegen und nicht verdienen können.

Manche erhalten eine Drehorgel, mit der sie patriotische Lieder spielen, welche die Jugend begeistern, daß sie auch einmal recht fest zuhauen, wenn es losgeht.

Alle, welche im Krieg waren, bekommen runde Medaillen, welche klirren, wenn die Inhaber damit spazierengehen. Viele kriegen auch den Rheumatismus und werden dann Pedelle am Gymnasium, wie der unsrige.

So hat der Krieg sein Gutes und befruchtet alles.

aus: Ludwig Thoma, Gesammelte Werke in acht Bänden. Piper, München 1968.

M 8

Ludwig Thoma: Der Einser

Es klopfte, und der königliche Amtsrichter Josef Amesreiter rief: „Herein!“ Dann erschien unter der Türe Frau Realitätenbesitzerswitwe Karoline Zwerger. Eine hübsche junge Frau mit angenehmen Rundungen, da, wo sie am Platze sind.

Sie führte an der Hand ein kleines Mädchen von sieben Jahren, welches verschämt zu Boden blickte.

Auch Frau Zwerger war in einiger Verlegenheit, wie das vielen Leuten geschieht, wenn sie mit Behörden in Berührung kommen. Und dann schielte der Herr Amesreiter so merkwürdig über seine Brillengläser hinaus und schaute sie ganz sonderbar an.

Vielleicht meinte Frau Zwerger …? Aber das war ausgeschlossen.

Denn Amesreiter war ein sogenannter glänzender Jurist, hatte das Staatsexamen mit I gemacht und war sohin zeugungsunfähig.

Nein, an so etwas dachte er nicht.

Er schaute überhaupt immer so, und Frau Zwerger brauchte nicht rot zu werden.

„Also, was wollen Sie?“

Die junge Frau wollte, nicht wahr, dieses Kind also, ihr Mann nämlich war gestorben, und weil sie selber keine Kinder hatten, dieses Kind also zu sich nehmen.

Gut, oder vielmehr nicht gut. Was heißt zu sich nehmen? Was sollen diese unklaren Worte in einem klaren Rechtsgeschäfte?

Frau Karoline Zwerger wollte vermittelst der adoptio oder Wahlkindschaft, und zwar vermittelst der adoptio in specie minus plena, wozu sie nach erstem Teil, fünftes Kapitel, Paragraph elf bereits in der Geltungszeit des Codes Maximilianeus Bavaricus als Weibsperson berechtigt war, an Kindes Statt annehmen die miterschienene Franziska Furtner.

Ist es nicht so?

Und wenn es so ist, Frau Zwerger, warum sagen sie dann „zu sich nehmen“? Warum sind sie nicht imstande, Ihrem auf Perfektion eines Rechtsgeschäfts gerichteten Willen deutlichen Ausdruck zu verleihen?

Die rundliche Frau weiß es nicht, aber sie weiß, daß dieser lange Mensch mit den vorquellenden Augen, der sie mit seiner Gelehrsamkeit anspuckt, ein königlicher Richter ist, eine Respektsperson. Und darum wagt sie es nicht, sich darüber innerlich klar zu werden, daß er trotz Stellung und Gelehrsamkeit ein recht saudummer Kerl ist. Ein Viech mit zwei Haxen, wie der Realitätenbesitzer Nepomuk Zwerger – Gott hab' ihn selig – immer zu sagen pflegte.

Nein, sie wagte es nicht; sie beantwortete, eine Stunde lang, die blödesten Fragen, welche der Exameneinser Josef Amesreiter an sie stellte, und wenn ihr manches sonderbar erschien, dann dachte sie bescheiden, daß ihr schlichter Verstand nicht hinreiche, die geheime Weisheit zu sehen. Endlich war die adoptio minus plena fertig. Da sagte Frau Zwerger zu dem kleinen Mädchen:

„So, jetzt bedank dich auch recht schön beim Herrn Amtsrichter, und mach ein Kompliment und gib ihm dein Blumenbukettl.“

Fannerl knickste, wie man es in der Schule bei den Englischen Fräulein lernt, und streckte ihr Sträußchen dem gestrengen Herrn hin.

Es waren zwei Rosen und drei gesprenkelte Nelken.

Eine solche Tathandlung war dem Josef Amesreiter noch niemals begegnet, und er geriet in einige Verlegenheit.

Jedoch, bevor er sich besann und den Fall richtig prüfte, hatte er die Blumen in der Hand und war Frau Zwerger mit der Adoptatin verschwunden. Er ging einige Male auf und ab und überlegte. Diese Sache war nicht einfach.

Es lag eine Schenkung vor, unleugbar, eine donatio inter vivos, und überdies konnte sie als der Belohnung halber geschehen sein. Dies aber war unverträglich mit dem richterlichen Amte. Wie gesagt, Amesreiter überdachte mit juristischer Schärfe dieses Geschehnis und fand nach eifrigem Suchen den richtigen Ausweg.

Er befahl dem Schreiber, das Protokoll noch einmal vorzunehmen und diktierte.

„Nachtrag – haben Sie?“

„Nachtrag.“

„Erstens: Nach Abschluß des obigen Protokolls übergab das Wahlkind auf Betreiben der Wahlmutter dem unterfertigten Richter fünf Blumen – fünf Blumen.

Halten Sie, was sind das für Blumen?“

„Zwoa Rosen“, sagte der Schreiber, „und dös andere san Nagerln, Nölken!“

„So? So – also schreiben Sie fünf Blumen, Komma, welche diesgerichtlich als zwei Rosen und drei Nelken bezeichnet wurden.

Zweitens: Der unterfertigte Richter nahm die obengenannten Blumen an in der Erwägung, daß die Annahmeverweigerung das natürliche Gefühl der Dankbarkeit in dem Wahlkinde zu ersticken geeignet war.

Drittens: Fünf Blumen mit Akt an den Herrn Gerichtsvorstand mit dem Ersuchen um geneigte Rückäußerung, ob gegen die Annahme Bedenken bestehen.“

So, das war geschehen. Und der Schreiber wickelte um die Rosen und die gesprenkelten Nelken einen blauweißen Faden und legte sie zwischen die Aktendeckel, wo sie baldigst erstickten, wie alles frische Leben, das in Aktendeckel gelangt.

Josef Amesreiter aber fühlte sich in gehobener Stimmung. Er hatte gehandelt, wie man es von einem Einser erwarten durfte.

Von einem Viech mit zwei Haxen, wie der selige Herr Zwerger zu sagen pflegte.

aus: Ludwig Thoma, Ausgewählte Werke in drei Bänden, Bd. 2, Piper, München 1973, S. 181–183.

M 9

Anonym: Modernes Rotkäppchen

Im Kinderanfall unserer Stadtgemeinschaft ist eine hierorts wohnhafte, noch unbeschulte Minderjährige aktenkundig, welche durch ihre unübliche Kopfbekleidung gewohnheitsrechtlich Rotkäppchen genannt zu werden pflegt. Der Mutter besagter R. wurde seitens deren Mutter ein Schreiben zugestellt, in welcher dieselbe Mitteilung ihrer Krankheit und Pflegebedürftigkeit machte, worauf die Mutter der R. dieser die Auflage machte, der Großmutter eine Sendung von Nahrungs- und Genußmitteln zu Genesungszwecken zuzustellen.

Vor ihrer Inmarschsetzung wurde die R. seitens ihrer Mutter schulisch über das Verbot betreffs Verlassens der Waldwege auf Kreisebene belehrt. Dieselbe machte sich infolge Nichtbeachtung dieserVorschrift straffällig und begegnete beim Übertreten des diesbezüglichen Blumenpflückverbotes einem polizeilich nicht gemeldeten Wolf ohne festen Wohnsitz. Dieser verlangte in unberechtigter Amtsanmaßung Einsichtnahme in das zu Transportzwecken von Konsumgütern dienende Korbbehältnis und traf in Tötungsabsicht die Feststellung, daß die R. zu ihrer verschwägerten und verwandten, im Baumbestand angemieteten Großmutter eilends war.

Da wolfseits Verknappungen auf dem Ernährungssektor vorherrschend waren, faßte er den Beschluß, bei der Großmutter der R. unter Vorlage falscher Papiere vorsprachig zu werden. Weil dieselbe wegen Augenleidens krank geschrieben war, gelang dem in Freßvorbereitung befindlichen Untier die diesfallsige Täuschungsabsicht, worauf er unter Verschlingung der Bettlägerigen einen strafbaren Mundraub ausführte. Ferner täuschte er bei der später eintreffenden R. seine Identität mit der Großmutter vor, stellte derselben nach und durch Zweitverschlingung der R. seinen Tötungsvorsatz erneut unter Beweis.

Der sich auf dem Dienstgang befindliche Waldbeamte B. vernahm verdächtige Schnarchgeräusche und stellte deren Urheberschaft seitens des Tiermaules fest. Er reichte bei seiner vorgesetzten Dienststelle ein Tötungsgesuch ein, das dortseits zuschlägig beschieden und bezuschußt wurde. Nach Beschaffung einer zu Jagdzwecken zugelassenen Pulverschießvorrichtung gab er in wahrgenommener Einflußnahme auf das Raubwesen einen Schuß ab. Dieses wurde nach Empfangnahme des Geschosses ablebig. Die Inaugenscheinnahme des Getöteten weckte in dem Schußgeber die Vermutung, wonach der Leichnam Personen beinhalte. Zwecks diesbezüglicher Feststellung öffnete er unter Zuhilfenahme eines Messers das Tier zur Einsichtnahme und stieß hierbei auf die noch am Leben seiende R. nebst Großmutter.

Durch die unverhoffte Wiederbelebung bemächtigte sich beider Personen ein gesteigertes amtlich nicht zulässiges Lebensgefühl, dem sie durch groben Unfug, öffentliches Ärgernis erregenden Lärm und Nichtbeachtung anderer Polizeiverordnungen Ausdruck verliehen, was ihre Haftpflichtigmachung zur Folge hatte. Der Vorfall wurde von den kulturschaffenden Gebrüdern Grimm zu Protokoll genommen und bekinderten Familien in Märchenform zustellig gemacht.

Wenn die Beteiligten nicht durch Hinschied abgegangen und in Fortfall gekommen sind, sind sie derzeitig noch lebhaft.

Aufgezeichnet von Thaddäus Troll.

M 10

Irrenwitz

Aus der geschlossenen Abteilung einer Nervenheilanstalt sind während eines Brandes einige Patienten geflohen. Die Wärter machen sich daran, sie wieder einzufangen.

Als sie nach einigen Stunden wieder zurück sind, fragt der Chefarzt den Oberwärter: „Sind alle zehn ausgebrochenen Patienten wieder da?"

„Was, bloß zehn?" meint der Oberwärter verblüfft, „wir haben zwanzig mitgebracht"!

aus: Uwe Henrik Peters u. Johanne Peters, Irre und Psychiater, S. 106.

M 11

Wolfram Siebeck: Sommermärchen vom Wirte wundermild

Es waren einmal ein Mann und eine Frau, die hießen Hans und Grete und hatten zu Hause nichts zu essen, weil alle Geschäfte Betriebsferien machten. So setzten sie sich in ihren Volkswagen und fuhren aufs Land. Da aber viele Umleitungen waren, verfuhren sie sich und kamen in einen großen Wald. Und wie sie lange darin herumgefahren waren und kein freies Zimmer fanden, weil alle Hotels überfüllt und alle Pensionen besetzt waren, da kamen sie an ein Haus, das war über und über bedeckt mit Empfehlungsschildern der Automobilclubs und Reisebüros. Hans und Grete hielten ihr Auto an und fragten das Fräulein am Eingang, ob sie ein Zimmer haben könnten. Das Fräulein erwiderte: „Ja, wir haben noch ein Doppelzimmer frei" (denn dies ist ja ein Märchen). Das Fräulein war aber kein Fräulein, sondern die Tochter des Wirtes, und sie sagte:

„Wenn Ihr hier wohnen wollt, müßt Ihr die Schuhe selber putzen und die Betten machen, denn wir haben kein Personal!"

Sie brachte Hans und Grete in eine winzige Kammer, darin standen zwei winzige Betten und zwei winzige Stühle, und an der Wand war ein winziges Waschbecken. Als Hans seine Zahnbürste dahin stellte, sagte er: „Wer hat aus meinem Zahnputzglas getrunken?", und Grete, die ihr Nachthemd aufs Bett legte, rief: „Wer hat in meinem Bettchen geschlafen?"

Das hörte der Wirt im Keller, denn die Wände waren dünn im Haus, und er sprach zu dem Gesellen:

„Lauf in die Küche, Bursche, und sag der Herrin, es sind neue Gäste gekommen, und sie möge einen Liter Wasser und ein halbes Pfund Salz in die Suppe tun, aber subito, capito?", und der Bursche lief kantapper kantapper die Treppe hinauf.

Hans und Grete saßen schon am Tisch, denn sie waren hungrig, und die Vollpension kostete pro Person 21 Mark plus Kurtaxe plus 15% Bedienung. Des Wirtes Töchterlein trug ihnen Gebackenes und Gesottenes auf, und sie griffen tüchtig zu. Aber kaum hatten sie den ersten Bissen im Mund, da fielen sie um und waren wie tot. Die Wirtin hatte ihnen nämlich ein Rumpsteak gebraten, das war überhaupt nicht abgehangen. Als man Hans und Grete darauf in ihr Zimmer trug, schlug vom nahen Kirchturm die Glocke so laut, daß sie wieder wach wurden. So ging es die ganze Nacht.

Als der Wirt am anderen Morgen merkte, daß Hans und Grete noch einen weiteren Tag bleiben wollten, überfiel ihn ein großer Zorn. Voll Grimm nahm er die deutsche Markenbutter vom Frühstückstisch und preßte sie so zusammen, daß das Wasser in großen Strömen daraus hervorschoß.

Hans aber ließ sich nicht ins Bockshorn jagen und rief: „Ich habe Touropa ertragen und Scharnow überstanden, die Riviera hab ich verkraftet und die Nordsee überlebt, da werd ich dich, du böser Wirt, auch nicht fürchten!"

Wie der Wirt diese Worte hörte, da war ihm gar wunderlich zumute, und ahnungsvoll fragte er den Hans: „Deine Kühnheit ist mir merkwürdig vertraut, Fremder. Sag mir, wer dein Vater ist!"

Und Hans antwortete ihm: „Meinen Vater kenn ich nicht. Es heißt, er war ein tapferer Soldat und leitete eine große Kantine. Als der Krieg zu Ende war, tauschte er mich gegen ein Schwein auf dem Markte ein."

Da rief der Wirt: „Dein Vater bin ich, und das Schwein tauschte ich gegen einen Klumpen Gold, damit baute ich dieses Haus, das soll jetzt dir gehören!" Da herzten und küßten sie sich, und die Wirtin wurde gerufen und das Töchterlein, und die hießen die beiden herzlich willkommen.

Hans und Grete aber verkauften ihren Volkswagen, denn der Wirt hatte schon zwei Mercedes, und von dem Erlös bestellten sie eine Musikbox, die kam in den Speisesaal. Dann heiratete die Tochter den Gesellen, und so sorgten sie sich alle sechs um ihre Gäste und gaben ihnen Speis und Trank und lebten davon herrlich und in Freuden. Und da sie nicht gestorben sind, so leben sie noch heute.

aus: Die Welt vom 17. 2. 1965/Herzog, G. H. u. Ehrhardt, H. (Hg.), Scherz beiseite. München, Bern u. Wien 1966, S. 543–545.

M 12

Wolfgang Ebert: Reparatur-Quiz

Szene: Autoreparaturschule
Prüfer: Ein Fahrer erscheint mit defektem Wagen. Was sagen Sie?
Schüler: Es ist schon Donnerstag, unser Wochenende beginnt. Er soll nächsten Monat wiederkommen.
Prüfer: Gut. Nun kommt einer, bei dem funktioniert der Scheibenwischer nicht.
Schüler: Da erneuern wir am besten gleich die ganze Scheibe.
Prüfer: Gut. Was passiert, wenn er den Wagen nach drei Tagen holt?
Schüler: Nichts. Der Wagen ist noch nicht fertig.
Prüfer: Warum ist er noch nicht fertig?
Schüler: Weil wir die Kupplung ausgebaut haben.
Prüfer: Der Kunde will den Wagen woandershin bringen.
Schüler: Ohne Kupplung?
Prüfer: Prächtig! Wann bekommt der Kunde seinen Wagen?
Schüler: Wenn die Lackierung der Vorderseite beendet ist.
Prüfer: Kommt dieser Kunde jemals wieder?
Schüler: Muß er ja.
Prüfer: Warum?
Schüler: Der Scheibenwischer. Er funktioniert wieder nicht.
Prüfer: Was sagen Sie ihm?
Schüler: Komisch – hat's denn geregnet?
Prüfer: Wie reagiert der Kunde darauf?
Schüler: Er wird unverschämt und behauptet, wir hätten den Scheibenwischer schlecht repariert.
Prüfer: Wie reagieren sie auf diese Beleidigung?
Schüler: Ich spiele lässig mit dem Schraubenschlüssel. Das beruhigt ihn sehr. Er bekommt den Scheibenwischer repariert – für denselben Preis natürlich.
Prüfer: Ein anderer Fahrer klagt über ein Klopfen im Motor.
Schüler: Ich tippe auf schweren Getriebeschaden.
Prüfer: Er sagt, der Wagen käme gerade aus der Inspektion.
Schüler: Ich kann das nicht glauben.
Prüfer: Sie erfahren, die Inspektion fand bei Ihnen statt.
Schüler: Ich frage ihn, wie er das so schnell geschafft hat. Dann öffne ich die Motorhaube.
Prüfer: Das Getriebe ist in Ordnung?
Schüler: Natürlich. Das baue ich aus und ... und ...
Prüfer: Zerbrechen bei dieser Gelegenheit die Ölpumpe ...
Schüler: Genau!
Prüfer: Was kostet den Kunden der ganze Spaß?
Schüler: 437 Mark. Davon 234,50 Mark für Arbeitszeit.
Prüfer: Wie lange war die?
Schüler: Zwei Stunden. Für zehn Mann.
Prüfer: Können Sie ihm noch eine zusätzliche Freude machen?
Schüler: Ich kann ihm einen neuen Satz Zündkerzen einsetzen.
Prüfer: Welchen Fehler dürfen Sie dabei niemals machen?
Schüler: Tatsächlich neue Zündkerzen einsetzen – statt die alten ein bißchen blank zu putzen.
Prüfer: Bestanden! Sie werden es in dieser Branche weit bringen.

aus: Wolfgang Ebert, Vor uns die Sintflut. Europa-Verlags-AG, Wien 1974, S. 196–197.

aus: Arbeitstexte für den Unterricht. Schwarzer Humor, Reclam, Stuttgart 1987, S. 33–35. © MAD Verlag, Hamburg.

4 Kurze Prosa – Bertolt Brecht: Maßnahmen gegen die Gewalt

Vorstellungs- und Urteilsbildung

M 1

Bertolt Brecht: Maßnahmen gegen die Gewalt

Als Herr Keuner, der Denkende, sich in einem Saale vor vielen gegen die Gewalt aussprach, merkte er, wie die Leute vor ihm zurückwichen und weggingen. Er blickte sich um und sah hinter sich stehen – die Gewalt.

„Was sagtest du?“ fragte ihn die Gewalt.

„Ich sprach mich für die Gewalt aus“, antwortete Herr Keuner.

Als Herr Keuner weggegangen war, fragten ihn seine Schüler nach seinem Rückgrat. Herr Keuner antwortete: „Ich habe kein Rückgrat zum Zerschlagen. Gerade ich muß länger leben als die Gewalt.“

Und Herr Keuner erzählte folgende Geschichte:

In die Wohnung des Herrn Egge, der gelernt hatte, nein zu sagen, kam eines Tages in der Zeit der Illegalität ein Agent, der zeigte einen Schein vor, welcher ausgestellt war im Namen derer, die die Stadt beherrschten, und auf dem stand, daß ihm gehören solle jede Wohnung, in die er seinen Fuß setzte; ebenso sollte ihm auch jedes Essen gehören, das er verlangte; ebenso sollte ihm auch jeder Mann dienen, den er sähe.

Der Agent setzte sich in einen Stuhl, verlangte Essen, wusch sich, legte sich nieder und fragte mit dem Gesicht zur Wand vor dem Einschlafen: „Wirst du mir dienen?“

Herr Egge deckte ihn mit einer Decke zu, vertrieb die Fliegen, bewachte seinen Schlaf, und wie an diesem Tage gehorchte er ihm sieben Jahre lang. Aber was immer er für ihn tat, eines zu tun hütete er sich wohl: das war, ein Wort zu sagen. Als nun die sieben Jahre herum waren und der Agent dick geworden war vom vielen Essen, Schlafen und Befehlen, starb der Agent. Da wickelte ihn Herr Egge in die verdorbene Decke, schleifte ihn aus dem Haus, wusch das Lager, tünchte die Wände, atmete auf und antwortete: „Nein.“

aus: Bertolt Brecht, Gesammelte Werke in 20 Bänden, Bd. 12, S. 375–376.

M 2

Bertolt Brecht: Der hilflose Knabe

Herr K. sprach über die Unart, erlittenes Unrecht stillschweigend in sich hineinzufressen, und erzählte folgende Geschichte: „Einen vor sich hin weinenden Jungen fragte ein Vorübergehender nach dem Grund seines Kummers. ‚Ich hatte zwei Groschen für das Kino beisammen‘, sagte der Knabe, ‚da kam ein Junge und riß mir einen aus der Hand‘, und er zeigte auf einen Jungen, der in einiger Entfernung zu sehen war. ‚Hast du denn nicht um Hilfe geschrien?‘ fragte der Mann. ‚Doch‘, sagte der Junge und schluchzte ein wenig stärker. ‚Hat dich niemand gehört?‘ fragte ihn der Mann weiter, ihn liebevoll streichelnd. ‚Nein‘, schluchzte der Junge. ‚Kannst du denn nicht lauter schreien?‘ fragte der Mann. ‚Nein‘ sagte der Junge und blickte ihn mit neuer Hoffnung an. Denn der Mann lächelte. ‚Dann gib auch den her‘, sagte er, nahm ihm den letzten Groschen aus der Hand und ging unbekümmert weiter.“

aus: Bertolt Brecht, Gesammelte Werke in 20 Bänden, Bd. 12, S. 381.

M 3

Bertolt Brecht: Herr Keuner und die Zeichnung seiner Nichte

Herr Keuner sah sich die Zeichnung seiner kleinen Nichte an. Sie stellte ein Huhn dar, das über einen Hof flog. „Warum hat dein Huhn eigentlich drei Beine?“ fragte Herr Keuner.

„Hühner können doch nicht fliegen“, sagte die kleine Künstlerin, „und darum brauchte ich ein drittes Bein zum Abstoßen.“

„Ich bin froh, daß ich gefragt habe“, sagte Herr Keuner.

aus: Bertolt Brecht, Gesammelte Werke in 20 Bänden, Bd. 12, S. 400.

M 4

Bertolt Brecht: Wenn die Haifische Menschen wären

„Wenn die Haifische Menschen wären“, fragte Herrn K. die kleine Tochter seiner Wirtin, „wären sie dann netter zu den kleinen Fischen?“ „Sicher“, sagte er. „Wenn die Haifische Menschen wären, würden sie im Meer für die kleinen Fische gewaltige Kästen bauen lassen, mit allerhand Nahrung drin, sowohl Pflanzen als auch Tierzeug. Sie würden sorgen, daß die Kästen frisches Wasser hätten, und sie würden überhaupt allerhand sanitäre Maßnahmen treffen. Wenn zum Beispiel ein Fischlein sich die Flosse verletzen würde, dann würde ihm sogleich ein Verband gemacht, damit es den Haifischen nicht wegstürbe vor der Zeit. Damit die Fischlein nicht trübsinnig würden, gäbe es ab und zu große Wasserfeste; denn lustige Fischlein schmecken besser als trübsinnige. Es gäbe natürlich auch Schulen in den großen Kästen. In diesen Schulen würden die Fischlein lernen, wie man in den Rachen der Haifische schwimmt. Sie würden zum Beispiel Geographie brauchen, damit sie die großen Haifische, die faul irgendwo liegen, finden könnten. Die Hauptsache wäre natürlich die moralische Ausbildung der Fischlein. Sie würden unterrichtet werden, daß es das Größte und Schönste sei, wenn ein Fischlein sich freudig aufopfert, und daß sie alle an die Haifische glauben müßten, vor allem, wenn sie sagten, sie würden für eine schöne Zukunft sorgen. Man würde den Fischlein beibringen, daß diese Zukunft nur gesichert sei, wenn sie Gehorsam lernten. Vor allen niedrigen, materialistischen, egoistischen und marxistischen Neigungen müßten sich die Fischlein hüten und es sofort den Haifischen melden, wenn eines von ihnen solche Neigungen verriete. Wenn die Haifische Menschen wären, würden sie natürlich auch untereinander Kriege führen, um fremde Fischkästen und fremde Fischlein zu erobern. Die Kriege würden sie von ihren eigenen Fischlein führen lassen. Sie würden die Fischlein lehren, daß zwischen ihnen und den Fischlein der anderen Haifische ein riesiger Unterschied bestehe. Die Fischlein, würden sie verkünden, sind bekanntlich stumm, aber sie schweigen in ganz verschiedenen Sprachen und können einander daher unmöglich verstehen. Jedem Fischlein, das im Krieg ein paar andere Fischlein, feindliche, in anderer Sprache schweigende Fischlein tötete, würden sie einen kleinen Orden aus Seetang anheften und den Titel Held verleihen. Wenn die Haifische Menschen wären, gäbe es bei ihnen natürlich auch eine Kunst. Es gäbe schöne Bilder, auf denen die Zähne der Haifische in prächtigen Farben, ihre Rachen als reine Lustgärten, in denen es sich prächtig tummeln läßt, dargestellt wären. Die Theater auf dem Meeresgrund würden zeigen, wie heldenmütige Fischlein begeistert in die Haifischrachen schwimmen, und die Musik wäre so schön, daß die Fischlein unter ihren Klängen, die Kapelle voran, träumerisch, und in allerangenehmste Gedanken eingelullt, in die Haifischrachen strömten. Auch eine Religion gäbe es da, wenn die Haifische Menschen wären. Sie würde lehren, daß die Fischlein erst im Bauch der Haifische richtig zu leben begännen. Übrigens würde es auch aufhören, wenn die Haifische Menschen wären, daß alle Fischlein, wie es jetzt ist, gleich sind. Einige von ihnen würden Ämter bekommen und über die anderen gesetzt werden. Die ein wenig größeren dürften sogar die kleineren auffressen. Das wäre für die Haifische nur angenehm, da sie dann selber öfter größere Brocken zu fressen bekämen. Und die größeren, Posten habenden Fischlein würden für die Ordnung unter den Fischlein sorgen, Lehrer, Offiziere, Ingenieure im Kastenbau usw. werden. Kurz, es gäbe überhaupt erst eine Kultur im Meer, wenn die Haifische Menschen wären.“

aus: Bertolt Brecht, Gesammelte Werke in 20 Bänden, Bd. 12, S. 394–396.

M 5

Bertolt Brecht: Das Wiedersehen

Ein Mann, der Herrn K. lange nicht gesehen hatte, begrüßte ihn mit den Worten: „Sie haben sich gar nicht verändert.“

„Oh!“ sagte Herr K. und erbleichte.

aus: Bertolt Brecht, Gesammelte Werke in 20 Bänden, Bd. 12, S. 383.

M 6

Franz Kafka: Die Vorüberlaufenden

Wenn man in der Nacht durch eine Gasse spazierengeht und ein Mann, von weitem schon sichtbar – denn die Gasse vor uns steigt an, und es ist Vollmond –, uns entgegenläuft, so werden wir ihn nicht anpacken, selbst wenn er schwach und zerlumpt ist, selbst wenn jemand hinter ihm läuft und schreit, sondern wir werden ihn weiterlaufen lassen.

Denn es ist Nacht, und wir können nicht dafür, daß die Gasse im Vollmond vor uns aufsteigt, und überdies, vielleicht haben diese zwei die Hetze zu ihrer Unterhaltung veranstaltet, vielleicht verfolgen beide einen dritten, vielleicht wird der erste unschuldig verfolgt, vielleicht will der zweite morden, und wir würden Mitschuldige des Mordes, vielleicht wissen die zwei nichts voneinander, und es läuft nur jeder auf eigene Verantwortung in sein Bett, vielleicht sind es Nachtwandler, vielleicht hat der erste Waffen. Und endlich, dürfen wir nicht müde sein, haben wir nicht so viel Wein getrunken? Wir sind froh, daß wir auch den zweiten nicht mehr sehen.

aus: Franz Kafka, Gesammelte Werke. Fischer Taschenbuchverlag, Frankfurt am Main 1976, Bd. 4, S. 31.

M 7

Herbert Heckmann: Der Gewinner

Schon eine geraume Zeit beobachtete ich den vogelgesichtigen älteren Herrn im altertümlichen Frack, der fast bewegungslos vor dem Spieltisch saß. Mit dürren Fingern, den Oberkörper asthmatisch vorgebeugt, verteilte er die Marken über die Felder, hüstelte wie in Gedanken, verkniff die dünnen Lippen und zuckte mit keiner Wimper, wenn er verlor oder gewann. Seine Augen traten leicht vor. Ich war nicht ganz sicher, ob sie überhaupt die Vorgänge am Spieltisch verfolgten – und doch taten seine Hände das, was der Augenblick des Spielgeschehens forderte. Es war das einzige an ihm, was sich bewegte, aber auch diese Bewegung war knapp und kaum aus dem Handgelenk: der Oberarm schien an dem Körper angefroren. Ich fürchtete schon, mit meinem hemmungslosen Anstarren die Aufmerksamkeit des Spielers zu erregen, und trat etwas zurück, so daß ich die Runde besser übersehen konnte. Neben dem vogelgesichtigen Herrn stand ein ungewöhnlich schönes Mädchen, das dann, wenn es die Hand vorstreckte, sich über die Schulter des bewegungslosen Spielers beugen mußte, dabei spähte sie jedesmal in das starre Gesicht, ja es kam vor, daß sie absichtlich den Mann mit ihrem nackten Arm streifte. Ich bewunderte ihre Ausdauer: wie sie mit vielen weiblichen Listen ihn abzulenken versuchte. Sie spielte leichtsinniger und verlor mit kleinen Zornesschreien. Offensichtlich war sie diese Mißachtung nicht gewohnt. Der ältere Herr, der, wie ich jetzt erst sah, eine weiße Rose im Knopfloch trug, hatte nur Augen für das Spiel: es lag eine Ruhe in seiner Gestalt, die mich geradezu reizte. Ich konnte das Mädchen gut verstehen, denn ich war selbst versucht, durch Grimassen den Spieler aus seiner Ruhe zu bringen, der Erfolg war, daß die anderen am Tisch mich mitleidig anlächelten. Sie hielten mich für einen schlechten Verlierer, der sein Unglück nicht für sich allein behalten konnte. Das Mädchen war einen Schritt zurückgetreten und prüfte in einem kleinen Spiegel ihr Gesicht. Ich verlor sie bald aus den Augen, andere traten an den Tisch, andere verloren: mich hatte der Verlust schon lange zum Beobachter verdammt. Schon wollte ich mich abwenden, als plötzlich der Spieler sich mit einem Ruck vorschob und dem Croupier bedeutete, er wolle für die nächsten Spiele die Nummer 17 setzen.

Seine Stimme schien zwischen den dünnen Lippen hervorzuhüpfen, dabei blähten sich seine papiernen Backen. Es machte ihm sichtlich Mühe zu sprechen. Seine Hände preßten sich an die Tischplatte. Er schwankte und lehnte sich in seinen Stuhl zurück. Seine Bewegungen waren herrisch und erschlaffend zugleich, so erschlaffend, daß ich schon dachte, er sei eingeschlafen. Seine Augen fixierten die Kugel: es war ein hypnotischer Blick, dem ich nicht gewachsen war. Ich sah auf die Uhr, verfolgte die routinierte Nervosität des Croupiers. Plötzlich riß mich ein Raunen aus meinen Abschweifungen. Die Kugel lag auf der 17. Das Gesicht des Spielers blieb maskenhaft. Seine Lippen waren spöttisch

verzerrt. Ich glaubte eine Mumie vor mir zu haben, die regungslos wie eine in Kräuterschlaf versunkene ägyptische Gottheit auf dem unbequemen Stuhl thronte, – über jede kleinliche Aufregung triumphierend.

Jeder eigenen Initiative beraubt, drängte ich mich neugierig vor und stieß rücksichtslos mit den Ellenbogen um mich, ohne auf den Unwillen meiner Opfer zu achten. Die Gesichter der anderen Spieler zwinkerten mit ihren hastigen Augenlidern, ihre Lippen flüsterten lautlos, ihre Hände verschlangen sich wie liebende Tiere, er aber blieb starr.

Das Spiel ging weiter. Rauch verwischte seine Gestalt. Ich konnte nicht erkennen, ob er lächelte oder nicht. Er mußte wieder gewonnen haben, denn immer mehr Menschen drängten sich hinter ihm zusammen und tuschelten geheimnisvoll, manche gingen ihn ungeniert um Geld an: er rührte sich jedoch nicht. Seine Pose war so abweisend, daß er keiner Handbewegung bedurfte. Ich stellte zu meinem Entsetzen fest, daß ihn mein Anstarren nicht im geringsten störte. Er gewann wieder und wieder – und alle waren derart fasziniert, daß sie zu setzen vergaßen. Der Croupier zögerte und sagte lauter als gewöhnlich: „Faites votre jeu." Es klang wie eine Herausforderung. Der Spieler rührte sich nicht – mit blicklosen Augen starrte er auf die tanzende Kugel. Ohne daß ich mich dagegen wehren konnte, identifizierte ich mich mit ihm, und ein Schauder von Kraft, Selbstbewußtsein und Angriffslust überfiel mich. Ich stellte mich auf die Zehenspitzen, um noch besser sehen zu können. Er gewann. Eine Frau fiel in Ohnmacht. Der Direktor eilte mit fliegenden Rockschößen herbei, verlegen die Hände reibend. Er tauschte einen kurzen Blick mit dem Croupier und trat dann vor den stoischen Gewinner. „Meinen Glückwunsch, verehrter Herr. Ich würde mich freuen, wenn sie mich in mein Büro begleiten könnten."

Ich stand noch immer festgenagelt vor den Blicken des Spielers, der nicht die geringste Reaktion zeigte. Der Direktor wiederholte mit verstärkter Stimme, in der Meinung, einen Schwerhörigen vor sich zu haben, seine Aufforderung, aber auch diesmal erhielt er keine Antwort. Ich sah, wie er mit einer Geste des Ekels die Hand auf die Schulter des Gewinners legte – er schämte sich der Vertraulichkeit, die die Situation forderte. Aber er kam gar nicht mehr dazu, etwas zu sagen, denn der Spieler rutschte mit grotesker Langsamkeit vom Stuhl und glitt zu Boden. Ein Mann beugte sich über den Gestürzten. Ich konnte nicht sehen, was er tat, nach einer Weile tauchte er jedoch über dem Tischrand auf, sein Gesicht glänzte vor Anstrengung, und mit einem Blitzen aus den Augenwinkeln sagte er: „Es besteht kein Zweifel, er ist tot." Er knöpfte seine Jacke zu und drängte die Neugierigen zurück. Der Direktor raufte sich vor Erregung die Haare und lief auf und ab. Es fiel ihm schwer, das Ereignis zu akzeptieren, und er nahm zu Worten ausgesuchter Weisheit Zuflucht. „Das kann nicht wahr sein."

Aber es war nachgerade kein Irrtum möglich, daß der Spieler tot war. Auch jetzt noch waren seine Augen weit aufgerissen. Sein Frack bauschte sich, und seine gamaschierten Schuhe zeigten anklagend in die Höhe. Man holte die Polizei, die auch nur den Tod und die Personalien des Toten feststellen konnte.

Was den Gewinn betraf, der, wenn man die Aufregung des Direktors in Erwägung zieht, sehr beträchtlich sein mußte, so wollte man einen Anwalt zu Rate ziehen. Zweifellos wird es immer ein Geheimnis bleiben, ob der Spieler schon tot war, als er gewann, oder ob er vor Aufregung starb, als er die Glückssträhne hatte. Das Geld wurde, wie später in der Zeitung zu lesen war, für wohltätige Zwecke benutzt, da der Gewinner keine Angehörigen hatte. Auch fand man heraus, daß er sich den Frack am selben Tag geliehen hatte. Er bewohnte eine kümmerliche Dachkammer und hatte eine Katze, die jetzt allein auf Mäusefang gehen mußte.

aus: Herbert Heckmann: Ein Bauer wechselt die Kleidung und verliert sein Leben und andere Erzählungen aus den Jahren Neunzehnhundertfünfzig bis Neunzehnhundertachtzig. Carl Hanser Verlag, München 1980, S. 83–87.

5 Adalbert Stifter: Bergkristall

Transformation ins ikonische Medium – Schüler gestalten eine Erzählung als Bildfolge (Variante 1) und Integration verschiedener Textinformationen (Variante 2)

✂ -

M 1

Einmal war am Heiligen Abende, da die erste Morgendämmerung in dem Tale von Gschaid in Helle übergegangen war, ein dünner, trockener Schleier über den ganzen Himmel gebreitet, so daß man die ohnedem schiefe und ferne Sonne im Südosten nur als einen undeutlichen roten Fleck sah, überdies war an diesem Tage eine milde, beinah laulichte Luft unbeweglich im ganzen Tale und auch an dem Himmel, wie die unveränderte und ruhige Gestalt der Wolken zeigte.

aus: Adalbert Stifter, Bunte Steine. Goldmann Verlag, München 1989, S. 154–155.

✂ -

M 2

Sie gingen schleunig längs des Dorfplatzes hinab und dann durch die Häusergasse und endlich zwischen den Planken der Obstgärten in das Freie hinaus.

Die Sonne stand schon über dem mit milchigen Wolkenstreifen durchwobenen Wald der morgendlichen Anhöhen, und ihr trübes rötliches Bild schritt durch die laublosen Zweige der Holzapfelbäume mit den Kindern fort.

In dem ganzen Tale war kein Schnee, die größeren Berge, von denen er schon viele Wochen herabgeglänzt hatte, waren damit bedeckt, die kleineren standen in dem Mantel ihrer Tannenwälder und im Fahlrot ihrer entblößten Zweige unbeschneit und ruhig da. Der Boden war noch nicht gefroren, und er wäre vermöge der vorhergegangenen langen regenlosen Zeit ganz trocken gewesen, wenn ihn nicht die Jahreszeit mit einer zarten Feuchtigkeit überzogen hätte, die ihn aber nicht schlüpfrig, sondern eher fest und widerprallend machte, daß sie leicht und gering darauf fortgingen. Das wenige Gras, welches noch auf den Wiesen und vorzüglich an den Wassergräben derselben war, stand in herbstlichem Ansehen. Es lag kein Reif und bei näherem Anblicke nicht einmal ein Tau, was nach der Meinung der Landleute baldigen Regen bedeutet.

a. a. O., S. 155–156.

✂ -

M 3

Als sie nach Verlauf einer Stunde auf der Höhe des Halses angekommen waren, war der Boden bereits so hart, daß er klang und Schollen wie Steine hatte.

An der roten Unglückssäule des Bäckers bemerkte Sanna zuerst, daß sie heute gar nicht dastehe. Sie gingen zu dem Platze hinzu und sahen, daß der runde rotangestrichene Balken, der das Bild trug, in dem dürren Grase liege, das wie dünnes Stroh an der Stelle stand und den Anblick der liegenden Säule verdeckte. Sie sahen zwar nicht ein, warum die Säule liege, ob sie umgeworfen worden oder ob sie von selber umgefallen sei, das sahen sie, daß sie an der Stelle, wo sie in die Erde ragte, sehr morsch war und daß sie daher sehr leicht habe umfallen können; aber da sie einmal lag, so machte es ihnen Freude, daß sie das Bild und die Schrift so nahe betrachten konnten, wie es sonst nie der Fall gewesen war. Als sie alles – den Korb mit den Semmeln, die bleichen Hände des Bäckers, seine geschlossenen Augen, seinen grauen Rock und die umstehenden Tannen – betrachtet hatten, als sie die Schrift gelesen und laut gesagt hatten, gingen sie wieder weiter.

a. a. O., S. 156–157.

✂ -

M 4

Es war große Ruhe eingetreten. Von den Vögeln, deren doch manche auch zuweilen im Winter in dem Walde hin und her fliegen und von denen die Kinder im Herübergehen sogar mehrere zwitschern gehört hatten, war nichts zu vernehmen, sie sahen auch keine auf irgendeinem Zweige sitzen oder fliegen, und der ganze Wald war gleichsam ausgestorben.

Weil nur die bloßen Fußstapfen der Kinder hinter ihnen blieben und weil vor ihnen der Schnee rein und unverletzt war, so war daraus zu erkennen, daß sie die einzigen waren, die heute über den Hals gingen.

Sie gingen in ihrer Richtung fort, sie näherten sich öfter den Bäumen, öfter entfernten sie sich, und wo dichtes Unterholz war, konnten sie den Schnee auf den Zweigen liegen sehen.

Ihre Freude wuchs noch immer; denn die Flocken fielen stets dichter, und nach kurzer Zeit brauchten sie nicht mehr den Schnee aufzusuchen, um in ihm zu waten; denn er lag schon so dicht, daß sie ihn überall weich unter den Sohlen empfanden und daß er sich bereits um ihre Schuhe zu legen begann; und wenn es so ruhig und heimlich war, so war es, als ob sie das Knistern des in die Nadeln herabfallenden Schnees vernehmen könnten.

a. a. O., S. 160–161.

M 5

Sie gingen auf ihrem aufwärtsführenden Wege fort. Die hinter ihnen liegenden Fußstapfen waren jetzt nicht mehr lange sichtbar; denn die ungemeine Fülle des herabfallenden Schnees deckte sie bald zu, daß sie verschwanden. Der Schnee knisterte in seinem Falle nun auch nicht mehr in den Nadeln, sondern legte sich eilig und heimlich auf die weiße schon daliegende Decke nieder. Die Kinder nahmen die Kleider noch fester, um das immerwährende allseitige Hineinrieseln abzuhalten.

Sie gingen sehr schleunig, und der Weg führte noch stets aufwärts. Nach langer Zeit war noch immer die Höhe nicht erreicht, auf welcher die Unglückssäule stehen sollte und von wo der Weg gegen die Gschaider Seite sich hinunterwenden mußte.

Endlich kamen die Kinder in eine Gegend, in welcher keine Bäume standen. „Ich sehe keine Bäume mehr", sagte Sanna.

„Vielleicht ist nur der Weg so breit, daß wir sie wegen des Schneiens nicht sehen können", antwortete der Knabe.

„Ja, Konrad", sagte das Mädchen.

Nach einer Weile blieb der Knabe stehen und sagte: „Ich sehe selber keine Bäume mehr, wir müssen aus dem Walde gekommen sein, auch geht der Weg immer bergan. Wir wollen ein wenig stehenbleiben und herumsehen, vielleicht erblicken wir etwas."

Aber sie erblickten nichts. Sie sahen durch einen trüben Raum in den Himmel. Wie bei dem Hagel über die weißen oder grünlich gedunsenen Wolken die finsteren fransenartigen Streifen herabstarren, so war es hier, und das stumme Schütten dauerte fort. Auf der Erde sahen sie nur einen runden Fleck Weiß und dann nichts mehr.

a. a. O., S. 162–163.

M 6

Aber es war rings um sie nichts als das blendende Weiß, überall das Weiß, das aber selber nur einen immer kleineren Kreis um sie zog und dann in einen lichten, streifenweise niederfallenden Nebel überging, der jedes Weitere verzehrte und verhüllte und zuletzt nichts anderes war als der unersättlich niederfallende Schnee.

„Warte, Sanna", sagte der Knabe, „wir wollen ein wenig stehenbleiben, und horchen, ob wir nicht etwas hören können, was sich im Tale meldet, sei es nun ein Hund oder eine Glocke oder die Mühle, oder sei es ein Ruf, der sich hören läßt, hören müssen wir etwas, und dann werden wir wissen, wohin wir zu gehen haben." Sie blieben nun stehen, aber sie hörten nichts. Sie blieben noch ein wenig länger stehen, aber es meldete sich nichts, es war nicht ein einziger Laut, auch nicht der leiseste, außer ihrem Atem zu vernehmen, ja in der Stille, die herrschte, war es, als sollten sie den Schnee hören, der auf ihre Wimpern fiel. a. a. O., S. 164.

M 7

Nach einer Weile sahen sie Felsen. Sie hoben sich dunkel und undeutlich aus dem weißen und undurchsichtigen Lichte empor. Da die Kinder sich näherten, stießen sie fast daran. Sie stiegen wie eine Mauer hinauf und waren ganz gerade, so daß kaum ein Schnee an ihrer Seite haften konnte.

„Sanna, Sanna", sagte er, „da sind die Felsen, gehen wir nur weiter, gehen wir weiter."

Sie gingen weiter, sie mußten zwischen die Felsen hinein und unter ihnen fort. Die Felsen ließen sie nicht rechts und links ausweichen und führten sie in einem engen Wege dahin. Nach einer Zeit verloren sie dieselben wieder und konnten sie nicht mehr erblicken. So wie sie unversehens unter sie gekommen waren, kamen sie wieder unversehens von ihnen. Es war wieder nichts um sie als das Weiß, und ringsum war kein unterbrechendes Dunkel zu schauen. Es schien eine große Lichtfülle zu sein, und doch konnte man nicht drei Schritte vor sich sehen; alles war, wenn man so sagen darf, in eine einzige weiße Finsternis gehüllt, und weil kein Schatten war, so war kein Urteil über die Größe der Dinge, und die Kinder konnten nicht wissen, ob sie aufwärts oder abwärts gehen würden, bis eine Steilheit ihren Fuß faßte und ihn aufwärts zu gehen zwang. a. a. O., S. 164–165.

M 8

Endlich gelangten sie wieder zu Gegenständen.

Es waren riesenhaft große, sehr durcheinanderliegende Trümmer, die mit Schnee bedeckt waren, der überall in die Klüfte hineinrieselte, und an die sie sich ebenfalls fast anstießen, ehe sie sie sahen. Sie gingen ganz hinzu, die Dinge anzublicken.

Es war Eis – lauter Eis.

Es lagen Platten da, die mit Schnee bedeckt waren, an deren Seitenwänden aber das glatte grünliche Eis sichtbar war, es lagen Hügel da, die wie zusammengeschobener Schaum aussahen, an deren Seiten es aber matt nach einwärts flimmerte und glänzte, als wären Balken und Stangen von Edelsteinen durcheinandergeworfen worden, es lagen ferner gerundete Kugeln da, die ganz mit Schnee umhüllt waren, es standen Platten und andere Körper auch schief oder gerade aufwärts, so hoch wie der Kirchturm in Gschaid oder wie Häuser. In einigen waren Höhlen eingefressen, durch die man mit einem Arme durchfahren konnte, mit einem Kopfe, mit einem Körper, mit einem ganzen großen Wagen voll Heu. Alle diese Stücke waren zusammen- oder emporgedrängt und starrten, so daß sie oft Dächer bildeten oder Überhänge, über deren Ränder sich der Schnee herüberlegte und herabgriff wie lange weiße Tatzen. Selbst ein großer, schreckhaft schwarzer Stein, wie ein Haus, lag unter dem Eise und war emporgestellt, daß er auf der Spitze stand, daß kein Schnee an seinen Seiten liegenbleiben konnte. Und nicht dieser Stein allein – noch mehrere und größere staken in dem Eise, die man erst später sah und die wie eine Trümmermauer an ihm hingingen. a. a. O., S. 166.

M 9

Sie waren winzigkleine wandelnde Punkte in diesen ungeheuren Stücken.

Wie sie so unter die Überhänge hineinsahen, gleichsam als gäbe ihnen ein Trieb ein, ein Obdach zu suchen, gelangten sie in einen Graben, in einen breiten, tiefgefurchten Graben, der gerade aus dem Eise hervorging. Er sah aus wie das Bett eines Stromes, der aber jetzt ausgetrocknet und überall mit frischem Schnee bedeckt war. Wo er aus dem Eise hervorkam, ging er gerade unter einem Kellergewölbe heraus, das recht schön aus Eis über ihn gespannt war. Die Kinder gingen in dem Graben fort und gingen in das Gewölbe hinein, und immer tiefer hinein. Es war ganz trocken, und unter ihren Füßen hatten sie glattes Eis. In der ganzen Höhlung aber war es blau, so blau, wie gar nichts in der Welt ist, viel tiefer und viel schöner blau als das Firmament, gleichsam wie himmelblau gefärbtes Glas, durch welches lichter Schein hineinsinkt. Es waren dickere und dünnere Bogen, es hingen Zacken, Spitzen und Troddeln herab, der Gang wäre noch tiefer zurückgegangen, sie wußten nicht, wie tief, aber sie gingen nicht mehr weiter. Es wäre auch sehr gut in der Höhle gewesen, es war warm, es fiel kein Schnee, aber es war so schreckhaft blau, die Kinder fürchteten sich und gingen wieder hinaus. Sie gingen eine Weile in dem Graben fort und kletterten dann über seinen Rand hinaus.

a. a. O., S. 167–168.

M 10

Sie schlugen von dem Eise eine Richtung durch den Schnee abwärts ein, die sie in das Tal führen sollte. Aber sie kamen nicht weit hinab. Ein neuer Strom von Eis, gleichsam ein riesenhaft aufgetürmter und aufgewölbter Wall, lag quer durch den weichen Schnee und griff gleichsam mit Armen rechts und links um sie herum. Unter der weißen Decke, die ihn verhüllte, glimmerte es seitwärts grünlich und bläulich und dunkel und schwarz und selbst gelblich und rötlich heraus. Sie konnten es nun auf weitere Strecken sehen, weil das ungeheure und unermüdliche Schneien sich gemildert hatte und nur mehr wie an gewöhnlichen Schneetagen vom Himmel fiel. Mit dem Starkmute der Unwissenheit kletterten sie in das Eis hinein, um den vorgeschobenen Strom desselben zu überschreiten und dann jenseits weiter hinabzukommen. Sie schoben sich in die Zwischenräume hinein, sie setzten den Fuß auf jedes Körperstück, das mit einer weißen Schneehaube versehen war, war es Fels oder Eis, sie nahmen die Hände zur Hilfe, krochen, wo sie nicht gehen konnten, und arbeiteten sich mit ihren leichten Körpern hinauf, bis sie die Seite des Walles überwunden hatten und oben waren.

Jenseits wollten sie wieder hinabklettern.

Aber es gab kein Jenseits.

So weit die Augen der Kinder reichen konnten, war lauter Eis. Es standen Spitzen und Unebenheiten und Schollen empor wie lauter furchtbares überschneites Eis. Statt ein Wall zu sein, über den man hinübergehen könnte und der dann wieder vom Schnee abgelöst würde, wie sie sich unten dachten, stiegen aus der Wölbung neue Wände von Eis empor, geborsten und geklüftet, mit unzähligen blauen geschlängelten Linien versehen, und hinter ihnen waren wieder solche Wände, und hinter diesen wieder solche, bis der Schneefall das Weitere mit seinem Grau verdeckte.

a. a. O., S. 168–169.

M 11

Endlich, da der Knabe die Richtung immer verfolgte, in der sie nach seiner Meinung gekommen waren, gelangten sie in zerstreutere Trümmer, aber sie waren auch größer und furchtbarer, wie sie gerne am Rande des Eises zu sein pflegen, und die Kinder gelangten kriechend und kletternd hinaus. An dem Eisessaume waren ungeheure Steine, sie waren gehäuft, wie sie die Kinder ihr Leben lang nicht gesehen hatten. Viele waren in Weiß gehüllt, viele zeigten die unteren schiefen Wände sehr glatt und fein geschliffen, als wären sie darauf geschoben worden, viele waren wie Hütten und Dächer gegeneinandergestellt, viele lagen aufeinander wie ungeschlachte Knollen. Nicht weit von dem Standorte der Kinder standen mehrere mit den Köpfen gegeneinandergelehnt, und über sie lagen breite gelagerte Blöcke, wie ein Dach. Es war ein Häuschen, das gebildet war, das gegen vorne offen, rückwärts und an den Seiten aber geschützt war. Im Innern war es trocken, da der steilrechte Schneefall keine einzige Flocke hineingetragen hatte. Die Kinder waren recht froh, daß sie nicht mehr in dem Eise waren und auf ihrer Erde standen. Aber es war auch endlich finster geworden.

a. a. O., S. 169.

M 12

Von da an saßen die Kinder und schauten.

So weit sie in der Dämmerung zu sehen vermochten, lag überall der flimmernde Schnee hinab, dessen einzelne winzige Täfelchen hie und da in der Finsternis seltsam zu funkeln begannen, als hätte er bei Tag das Licht eingesogen und gäbe es jetzt von sich.

Die Nacht brach mit der in großen Höhen gewöhnlichen Schnelligkeit herein. Bald war es ringsherum finster, nur der Schnee fuhr fort, mit seinem bleichen Lichte zu leuchten. Der Schneefall hatte nicht nur aufgehört, sondern der Schleier an dem Himmel fing auch an, sich zu verdünnen und zu verteilen; denn die Kinder sahen ein Sternlein blitzen. Weil der Schnee wirklich gleichsam ein Licht von sich gab und weil von den Wolken kein Schleier mehr herabhing, so konnten die Kinder von ihrer Höhle aus die Schneehügel sehen, wie sie sich in Linien von dem dunkeln Himmel abschnitten. Weil es in der Höhle viel wärmer war, als es an jedem andern Platze im ganzen Tage gewesen war, so ruhten die Kinder, enge aneinandersitzend, und vergaßen sogar die Finsternis zu fürchten. Bald vermehrten sich auch die Sterne, jetzt kam hier einer zum Vorscheine, jetzt dort, bis es schien, als wäre am ganzen Himmel keine Wolke mehr.

a. a. O., S. 171.

M 13

Der Knabe hatte geglaubt, daß man sehr bald von dem Berge hinabkommen könne, und doch, von den vielen Lichtern, die heute in dem Tale brannten, kam nicht ein einziges zu ihnen herauf; sie sahen nichts als den blassen Schnee und den dunkeln Himmel, alles andere war ihnen in die unsichtbare Ferne hinabgerückt. In allen Tälern bekamen die Kinder in dieser Stunde die Geschenke des Heiligen Christ: Nur die zwei saßen oben am Rande des Eises, und die vorzüglichsten Geschenke, die sie heute hätten bekommen sollen, lagen in versiegelten Päckchen in der Kalbfelltasche im Hintergrunde der Höhle.

Die Schneewolken waren ringsum hinter die Berge hinabgesunken, und ein ganz dunkelblaues, fast schwarzes Gewölbe spannte sich um die Kinder, voll von dichten brennenden Sternen, und mitten durch diese Sterne war ein schimmerndes, breites milchiges Band gewoben, das sie wohl auch unten im Tale, aber nie so deutlich gesehen hatten. Die Nacht rückte vor.

a. a. O., S. 171–172.

M 14

In der ungeheueren Stille, die herrschte, in der Stille, in der sich kein Schneespitzchen zu rühren schien, hörten die Kinder dreimal das Krachen des Eises. Was das Starrste scheint und doch das Regsamste und Lebendigste ist, der Gletscher, hatte die Töne hervorgebracht. Dreimal hörten sie hinter sich den Schall, der entsetzlich war, als ob die Erde entzweigesprungen wäre, der sich nach allen Richtungen im Eis verbreitete und gleichsam durch alle Aderchen des Eises lief. Die Kinder blieben mit offenen Augen sitzen und schauten in die Sterne hinaus.

Auch für die Augen begann sich etwas zu entwickeln. Wie die Kinder so saßen, erblühte am Himmel vor ihnen ein bleiches Licht mitten unter den Sternen und spannte einen schwachen Bogen durch dieselben. Es hatte einen grünlichen Schimmer, der sich sachte nach unten zog. Aber der Bogen wurde immer heller und heller, bis sich die Sterne vor ihm zurückzogen und erblaßten. Auch in andere Gegenden des Himmels sandte er einen Schein, der schimmergrün sachte und lebendig unter die Sterne floß. Dann standen Garben verschiedenen Lichtes auf der Höhe des Bogens, wie Zacken einer Krone, und brannten. Es floß helle durch die benachbarten Himmelsgegenden, es sprühte leise und ging in sanftem Zucken durch lange Räume. Hatte sich nun der Gewitterstoff des Himmels durch den unerhörten Schneefall so gespannt, daß er in diesen stummen herrlichen Strömen des Lichtes ausfloß, oder war es eine andere Ursache der unergründlichen Natur: Nach und nach wurde es schwächer und immer schwächer, die Garben erloschen zuerst, bis es allmählich und unmerklich immer geringer wurde und wieder nichts am Himmel war als die tausend und tausend einfachen Sterne.

Die Kinder sagten keines zu dem andern ein Wort, sie blieben fort und fort sitzen und schauten mit offenen Augen in den Himmel.

a. a. O., S. 174–175.

M 15

Endlich, nachdem die Sterne lange allein geschienen hatten und nie ein Stückchen Mond an dem Himmel zu erblicken gewesen war, geschah etwas anderes. Es fing der Himmel an, heller zu werden, langsam heller, aber doch zu erkennen; es wurde seine Farbe sichtbar, die bleichsten Sterne erloschen, und die anderen standen nicht mehr so dicht. Endlich wichen auch die stärkeren, und der Schnee vor den Höhen wurde deutlicher sichtbar. Zuletzt färbte sich eine Himmelsgegend gelb, und ein Wolkenstreifen, der in derselben war, wurde zu einem leuchtenden Faden entzündet. Alle Dinge waren klar zu sehen, und die entfernten Schneehügel zeichneten sich scharf in die Luft. a. a. O., S. 175.

M 16

Von dem Berge wollte nun Konrad, weil der Himmel ganz heiter war, in die Täler hinabschauen, um das Gschaider Tal zu erkennen und in dasselbe hinunterzugehen. Aber er sah gar keine Täler. Es war nicht, als ob sie sich auf einem Berge befänden, von dem man hinabsieht, sondern in einer fremden, seltsamen Gegend, in der lauter unbekannte Gegenstände sind. Sie sahen heute auch in größerer Entfernung furchtbare Felsen aus dem Schnee emporstehen, die sie gestern nicht gesehen hatten, sie sahen das Eis, sie sahen Hügel und Schneelehnen emporstarren, und hinter diesen war entweder der Himmel, oder es ragte die blaue Spitze eines sehr fernen Berges am Schneerande hervor.

In diesem Augenblick ging die Sonne auf.

Eine riesengroße blutrote Scheibe erhob sich an dem Schneesaume in den Himmel, und in dem Augenblicke errötete der Schnee um die Kinder, als wäre er mit Millionen Rosen überstreut worden. Die Kuppen und die Hörner warfen sehr lange grünliche Schatten längs des Schnees. a. a. O., S. 176.

M 17

Die Kinder aber werden den Berg nicht vergessen und werden ihn jetzt noch ernster betrachten, wenn sie in dem Garten sind, wenn wie in der Vergangenheit die Sonne sehr schön scheint, der Lindenbaum duftet, die Bienen summen und er so schön und so blau wie das sanfte Firmament auf sie herniederschaut. a. a. O., S. 184.

M 18

Friedrich Hebbel: Die alten Naturdichter und die neuen (Brockes und Geßner, Stifter, Kompert usw.) (1849)

Wißt ihr, warum euch die Käfer, die Butterblumen so glücken?
Weil ihr die Menschen nicht kennt, weil ihr die Sterne nicht seht!
Schauet ihr tief in die Herzen, wie könntet ihr schwärmen für Käfer?
Säht ihr das Sonnensystem, sagt doch, was wär' euch ein Strauß?
Aber das mußte so sein, damit ihr das Kleine vortrefflich
Liefertet, hat die Natur klug euch das Große entrückt.

aus: Friedrich Hebbel, Werke, Bd. 3. Wissenschaftliche Buchgesellschaft, Darmstadt 1965, S. 122.

M 19

Adalbert Stifter: Vorrede zu den „Bunten Steinen" (1853)

Es ist einmal gegen mich bemerkt worden, daß ich nur das Kleine bilde, und daß meine Menschen stets gewöhnliche Menschen seien. Wenn das wahr ist, bin ich heute in der Lage, den Lesern ein noch Kleineres und Unbedeutenderes anzubieten, nämlich allerlei Spielereien für junge Herzen. Es soll sogar in denselben nicht einmal Tugend und Sitte gepredigt werden, wie es gebräuchlich ist, sondern sie sollen nur durch das Wirken, was sie sind. Wenn etwas Edles und Gutes in mir ist, so wird es von selber in meinen Schriften liegen, wenn aber dasselbe nicht in meinem Gemüte ist, so werde ich mich vergeblich bemühen, Hohes und Schönes darzustellen, es wird doch immer das Niedrige und Unedle durchscheinen.

Großes oder Kleines zu bilden, hatte ich bei meinen Schriften überhaupt nie im Sinne, ich wurde von ganz anderen Gesetzen geleitet. Die Kunst ist mir ein so Hohes und Erhabenes, sie ist mir, wie ich schon einmal an einem anderen Orte gesagt habe, nach der Religion das Höchste auf Erden, so daß ich meine Schriften nie für Dichtungen gehalten habe, noch mich je vermessen werde, sie für Dichtungen zu halten. Dichter gibt es sehr wenige auf der Welt, sie sind die hohen Priester, sie sind die Wohltäter des menschlichen Geschlechtes; falsche Propheten aber gibt es sehr viele. Allein wenn auch nicht jede gesprochenen Worte Dichtung sein können, so könnten sie doch etwas anderes sein, dem nicht alle Berechtigung des Daseins abgeht. Gleichgestimmten Freunden eine vergnügte Stunde zu machen, ihnen allen bekannten wie unbekannten einen Gruß zu schicken, und ein Körnlein Gutes zu dem Baue des Ewigen beizutragen, das war die Absicht bei meinen Schriften und wird auch die Absicht bleiben. Ich wäre sehr glücklich, wenn ich mit Gewißheit wüßte, daß ich nur diese Absicht erreicht hätte. Weil wir aber schon einmal von dem Großen und Kleinen reden, so will ich meine Ansichten darlegen, die wahrscheinlich von denen vieler anderer Menschen abweichen. Das Wehen der Luft, das Rieseln des Wassers, das Wachsen der Getreide, das Wogen des Meeres, das Grünen der Erde, das Glänzen des Himmels, das Schimmern der Gestirne halte ich für groß: das prächtig einherziehende Gewitter, den Blitz, welcher Häuser spaltet, den Sturm, der die Brandung treibt, den feuerspeienden Berg, das Erdbeben, welches Länder verschüttet, halte ich nicht für größer als obige Erscheinungen, ja ich halte sie für kleiner, weil sie nur Wirkungen viel höherer Gesetze sind. Sie kommen auf einzelnen Stellen vor und sind die Ergebnisse einseitiger Ursachen. Die Kraft, welche die Milch im Töpfchen der armen Frau emporschwellen und übergehen macht, ist es auch, die die Lava in dem feuerspeienden Berge emportreibt und auf den Flächen der Berge hinabgleiten läßt. Nur augenfälliger sind diese Erscheinungen und reißen den Blick des Unkundigen und Unaufmerksamen mehr an sich, während der Geisteszug des Forschers vorzüglich auf das Ganze und Allgemeine geht und nur in ihm allein Großartigkeit zu erkennen vermag, weil es allein das Welterhaltende ist.

Die Einzelheiten gehen vorüber, und ihre Wirkungen sind nach kurzem kaum noch erkennbar. Wir wollen das Gesagte durch ein Beispiel erläutern. Wenn ein Mann durch Jahre hindurch die Magnetnadel, deren eine Spitze immer nach Norden weist, tagtäglich zu festgesetzten Stunden beobachtete und sich die Veränderungen, wie die Nadel bald mehr bald weniger klar nach Norden zeigt, in einem Buche aufschriebe, so würde gewiß ein Unkundiger dieses Beginnen für ein kleines und für Spielerei ansehen: aber wie ehrfurchterregend wird dieses Kleine und wie begeisterungserweckend diese Spielerei, wenn wir nun erfahren, daß diese Beobachtungen wirklich auf dem ganzen Erdboden angestellt werden, und daß aus den daraus zusammengestellten Tafeln ersichtlich wird, daß manche kleine Veränderungen an der Magnetnadel oft auf allen Punkten der Erde gleichzeitig und in gleichem Maße vor sich gehen, daß also ein magnetisches Gewitter über die ganze Erde geht, daß die ganze Erdoberfläche gleichzeitig gleichsam ein magnetisches Schauern empfindet. Wenn wir, so wie wir für das Licht die Augen haben, auch für Elektrizität und den aus ihr kommenden Magnetismus ein Sinneswerkzeug hätten, welche große Welt, welche Fülle von unermeßlichen Erscheinungen würde uns da aufgetan sein. Wenn wir aber auch dieses leibliche Auge nicht haben, so haben wir dafür das geistige der Wissenschaft, und diese lehrt uns, daß die elektrische und magnetische Kraft auf einem ungeheueren Schauplatze wirke, daß sie auf der ganzen Erde und durch den ganzen Himmel verbreitet sei, daß sie alles umfließe und sanft und unablässig verändernd, bildend und lebenerzeugend sich darstelle. Der Blitz ist nur ein ganz kleines Merkmal dieser Kraft, sie selber aber ist ein Großes in der Natur. Weil aber die Wissenschaft nur Körnchen erringt, nur Beobachtung nach Beobachtung macht, nur aus Einzelnem das Allgemeine zusammenträgt, und weil endlich die Menge der Erscheinungen und das Feld des Gegebenen unendlich groß ist, Gott also die Freude und die Glückseligkeit des Forschens unversieglich gemacht hat, wir auch in unseren Werkstätten immer nur das Einzelne darstellen können, nie das Allgemeine, denn dies wäre die Schöpfung: so ist auch die Geschichte des in der Natur Großen in einer immerwährenden Umwandlung der Ansichten über dieses Große bestanden.

Da die Menschen in der Kindheit waren, ihr geistiges Auge von der Wissenschaft noch nicht berührt war, wurden sie von dem Nahestehenden und Auffälligen ergriffen und zu Furcht und Bewunderung hingerissen: aber als ihr Sinn geöffnet wurde, da der Blick sich auf den Zusammenhang zu richten begann, so sanken die einzelnen Erscheinungen immer tiefer, und es erhob sich das Gesetz immer höher, die Wunderbarkeiten hörten auf, das Wunder nahm zu.

So wie es in der äußeren Natur ist, so ist es auch in der inneren, in der des menschlichen Geschlechtes. Ein ganzes Leben voll Gerechtigkeit, Einfachheit, Bezwingung seiner selbst, Verstandesmäßigkeit, Wirksamkeit in seinem Kreis, Bewunderung des Schönen, verbunden mit einem heiteren gelassenen Sterben, halte ich für groß: mächtige Bewegungen des Gemütes, furchtbar einherrollenden Zorn, die Begier nach Rache, den entzündeten Geist, der nach Tätigkeit strebt, umreißt, ändert, zerstört und in der Erregung oft das eigene Leben hinwirft, halte ich nicht für größer, sondern für kleiner, da diese Dinge so gut nur Hervorbringungen einzelner und einseitiger Kräfte sind, wie Stürme, feuerspeiende Berge, Erdbeben. Wir wollen das sanfte Gesetz zu erblicken suchen, wodurch das menschliche Geschlecht geleitet wird. Es gibt Kräfte, die nach dem Bestehen des Einzelnen zielen. Sie nehmen alles und verwenden es, was zum Bestehen und zum Entwickeln desselben notwendig ist. Sie sichern den Bestand des Einen und dadurch den aller. Wenn aber jemand jedes Ding unbedingt an sich reißt, was sein Wesen braucht, wenn er die Bedingungen des Daseins eines anderen zerstört, so ergrimmt etwas Höheres in uns, wir helfen dem Schwachen und Unterdrückten, wir stellen den Stand wieder her, daß er ein Mensch neben dem andern bestehe und seine menschliche Bahn gehen könne, und wenn wir das getan haben, so fühlen wir uns befriedigt, wir fühlen uns noch viel höher und inniger, als wir uns als Einzelne fühlen, wir fühlen uns als ganze Menschheit. Es gibt daher Kräfte, die nach dem Bestehen der gesamten Menschheit hinwirken, die durch die Einzelkräfte nicht beschränkt werden dürfen, ja im Gegenteile beschränkend auf sie selber einwirken. Es ist das Gesetz dieser Kräfte, das Gesetz der Gerechtigkeit, das Gesetz der Sitte, das Gesetz, das will, daß jeder geachtet, geehrt, ungefährdet neben dem anderen bestehe, daß er seine höhere menschliche Laufbahn gehen könne, sich Liebe und Bewunderung seiner Mitmenschen erwerbe, daß er als Kleinod gehütet werde, wie jeder Mensch ein Kleinod für alle andern Menschen ist. Dieses Gesetz liegt überall, wo Menschen neben Menschen wohnen, und es zeigt sich, wenn Menschen gegen Menschen wirken. Es liegt in der Liebe der Ehegatten zu einander, in der Liebe der Eltern zu den Kindern, der Kinder zu den Eltern, in der Liebe der Geschwister, der Freunde zueinander, in der süßen Neigung beider Geschlechter, in der Arbeitsamkeit, wodurch wir erhalten werden, in der Tätigkeit, wodurch man für seinen Kreis, für die Ferne, für die Menschheit wirkt, und endlich in der Ordnung und Gestalt, womit ganze Gesellschaften und Staaten ihr Dasein umgeben und zum Abschlusse bringen. Darum haben alte und neue Dichter vielfach diese Gegenstände benützt, um ihre Dichtungen dem Mitgefühle naher und ferner Geschlechter anheim zu geben. Darum sieht der Menschenforscher, wohin er seinen Fuß setzt, überall nur dieses Gesetz allein, weil es das einzige Allgemeine, das einzige Erhaltende und nie Endende ist. Er sieht es eben so gut in der niedersten Hütte wie in dem höchsten Palaste, er sieht es in der Hingabe eines armen Weibes und in der ruhigen Todesverachtung des Helden für das Vaterland und die Menschheit.

Es hat Bewegungen in dem menschlichen Geschlechte gegeben, wodurch den Gemütern eine Richtung nach einem Ziele hin eingeprägt worden ist, wodurch ganze Zeiträume auf die Dauer eine andere Gestalt gewonnen haben. Wenn in diesen Bewegungen das Gesetz der Gerechtigkeit und Sitte erkennbar ist, wenn sie von demselben eingeleitet und fortgeführt worden sind, so fühlen wir uns in der ganzen Menschheit erhoben, wir fühlen uns menschlich verallgemeinert, wir empfinden das Erhabene, wie es sich überall in die Seelen senkt, wo durch unmeßbar große Kräfte in der Zeit oder im Raume auf ein gestaltvolles vernunftgemäßes Ganzes zusammen gewirkt wird. Wenn aber in diesen Bewegungen das Gesetz des Rechtes und der Sitte nicht ersichtlich ist, wenn sie nach einseitigen und selbstsüchtigen Zwecken ringen, dann wendet sich der Menschenforscher, wie gewaltig und furchtbar sie auch sein mögen, mit Ekel von ihnen ab und betrachtet sie als ein Kleines, als ein des Menschen Unwürdiges. So groß ist die Gestalt dieses Rechts- und Sittengesetzes, daß es überall, wo es immer bekämpft worden ist, doch endlich allezeit siegreich und herrlich aus dem Kampfe hervorgegangen ist. Ja wenn sogar der einzelne oder ganze Geschlechter für Recht und Sitte untergegangen sind, so fühlen wir sie nicht als besiegt, wir fühlen sie als triumphierend, in unser Mitleid mischt sich ein Jauchzen und Entzücken, weil das Ganze höher steht als der Teil, weil das Gute größer ist als der Tod, wir sagen da, wir empfinden das Tragische und werden mit Schauern in den reineren Äther des Sittengesetzes emporgehoben. Wenn wir die Menschheit in der Geschichte wie einen ruhigen Silberstrom einem großen ewigen Ziele entgegen gehen sehen, so empfinden wir das Erhabene, das vorzugsweise Epische. Aber wie gewaltig und in großen Zügen auch das Tragische und Epische wirken, wie ausgezeichnete Hebel sie auch in der Kunst sind, so sind es hauptsächlich doch immer die gewöhnlichen, alltäglichen, in Unzahl wiederkehrenden Handlungen der Menschen, in denen dieses Gesetz am sichersten als Schwerpunkt liegt, weil diese Handlungen die dauernden, die gründenden sind, gleichsam die Millionen Wurzelfasern des Baumes des Lebens. So wie in der Natur die allgemeinen Gesetze still und unaufhörlich wirken, und das Auffällige nur eine einzelne Äußerung dieser Gesetze ist, so wirkt das Sittengesetz still und seelenbelebend durch den unendlichen Verkehr der Menschen, und die Wunder des Augenblickes bei vorgefallenen Taten sind nur kleine Merkmale dieser allgemeinen Kraft. So ist dieses Gesetz, so wie das der Natur das welterhaltende ist, das menschenerhaltende.

Wie in der Geschichte der Natur die Ansichten über das Große sich stets geändert haben, so ist es auch in der sittlichen Geschichte der Menschen gewesen. Anfangs wurden sie von dem Nächstliegenden berührt, körperliche Stärke und ihre Siege im Ringkampfe wurden gepriesen, dann kamen Tapferkeit und Kriegesmut, dahin zielend, heftige Empfindungen und Leidenschaften gegen feindselige Haufen und Verbindungen auszudrücken und auszuführen, dann wurde Stammeshoheit und Familienherrschaft besungen, inzwischen auch Schönheit und Liebe so wie Freundschaft und Aufopferung gefeiert, dann aber erschien ein Überblick über ein Größeres: ganze menschliche Abteilungen und Verhältnisse wurden geordnet, das Recht des Ganzen vereint mit dem des Teiles, und Großmut gegen den Feind und Unterdrückung seiner Empfindungen und Leidenschaften zum Besten der Gerechtigkeit hoch und herrlich gehalten, wie ja Mäßigung schon den Alten als die erste männliche Tugend galt, und endlich wurde ein völkerumschlingendes Band als ein Wünschenswertes gedacht, ein Band, das alle Gaben des einen Volkes mit denen des andern vertauscht, die Wissenschaft fördert, ihre Schätze für alle Menschen darlegt und in der Kunst und Religion zu dem einfach Hohen und Himmlischen leitet.

Wie es mit dem Aufwärtssteigen des menschlichen Geschlechtes ist, so ist es auch mit dem Abwärtssteigen. Untergehenden Völkern verschwindet zuerst das Maß. Sie gehen nach Einzelnem aus, sie werfen sich mit dem kurzen Blick auf das Beschränkte und Unbedeutende, sie setzen das Bedingte über das Allgemeine; dann suchen sie den Genuß und das Sinnliche, sie suchen Befriedigung ihres Hasses und Neides gegen den Nachbar, in ihrer Kunst wird das Einseitige geschildert, das nur von einem Standpunkte Gültige, dann das Zerfahrene, Umstimmende, Abenteuerliche, endlich das Sinnenreizende, und zuletzt die Unsitte und das Laster, in der Religion sinkt das Innere zur bloßen Gestalt oder zur üppigen Schwärmerei herab, der Unterschied zwischen Gut und Böse verliert sich, der einzelne verachtet das Ganze und geht seiner Lust und seinem Verderben nach, und so wird das Volk eine Beute seiner inneren Zerwirrung oder die eines äußeren, wilderen, aber kräftigeren Feindes.

Da ich in dieser Vorrede in meinen Ansichten über Großes und Kleines so weit gegangen bin, so sei es mir auch erlaubt zu sagen, daß ich in der Geschichte des menschlichen Geschlechtes manche Erfahrungen zu sammeln bemüht gewesen bin, und daß ich einzelnes aus diesen Erfahrungen zu dichtenden Versuchen zusammengestellt habe; aber meine eben entwickelten Ansichten und die Erlebnisse der letztvergangenen Jahre lehrten mich, meiner Kraft zu mißtrauen, daher jene Versuche liegen bleiben mögen, bis sie besser ausgearbeitet oder als unerheblich vernichtet werden.

Diejenigen aber, die mir durch diese keineswegs für junge Zuhörer passende Vorrede gefolgt sind, mögen es auch nicht verschmähen, die Hervorbringungen bescheidenerer Kräfte zu genießen, und mit mir zu den harmlosen folgenden Dingen übergehen.

Im Herbste 1852 Adalbert Stifter

aus: Adalbert Stifter, Bunte Steine. Goldmann Verlag, München 1989, S. 7–13.

M 20

Immanuel Kant: Kritik der Urteilskraft (§ 25)

Erhaben nennen wir das, was schlechthin groß ist. Groß sein aber und eine Größe sein, sind ganz verschiedene Begriffe (magnitudo und quantitas). Imgleichen schlechtweg (simpliciter) sagen, daß etwas groß sei, ist auch ganz was anderes als sagen, daß es schlechthin groß (absolute, non comparative magnum) sei. Das letztere ist das, was über alle Vergleichung groß ist. – Was will nun aber der Ausdruck, daß etwas groß, oder klein, oder mittelmäßig sei, sagen? Ein reiner Verstandesbegriff ist es nicht, was dadurch bezeichnet wird; noch weniger eine Sinnenanschauung; und eben so wenig ein Vernunftbegriff, weil es kein Prinzip der Erkenntnis bei sich führt. Es muß also ein Begriff der Urtheilskraft sein, oder von einem solchen abstammen und eine subjektive Zweckmäßigkeit der Vorstellung in Beziehung auf die Urtheilskraft zum Grunde legen.

Daß etwas eine Größe (quantum) sei, läßt sich aus dem Dinge selbst ohne alle Vergleichung mit andern erkennen: wenn nämlich Vielheit des Gleichartigen zusammen Eines ausmacht. Wie groß es aber sei, erfordert jederzeit etwas anderes, welches auch Größe ist, zu seinem Maße. Weil es aber in der Beurtheilung der Größe nicht bloß auf die Vielheit (Zahl), sondern auch auf die Größe der Einheit (des Maßes) ankommt, und die Größe dieser letztern immer wiederum etwas Anderes als Maß bedarf, womit sie verglichen werden könne: so sehen wir, daß alle Größenbestimmung der Erscheinungen schlechterdings keinen absoluten Begriff von einer Größe, sondern allemal nur einen Vergleichungsbegriff liefern könne.

Wenn ich nun schlechtweg sage, daß etwas groß sei, so scheint es, daß ich gar keine Vergleichung im Sinne habe, wenigstens mit keinem objektiven Maße, weil dadurch gar nicht bestimmt wird, wie groß der Gegenstand sei. Ob aber gleich der Maßstab der Vergleichung bloß subjektiv ist, so macht das Urtheil nichts desto weniger auf allgemeine Beistimmung Anspruch; die Urtheile: der Mann ist schön, und: er ist groß, schränken sich nicht bloß auf das urtheilende Subjekt ein, sondern verlangen gleich theoretischen Urtheilen jedermanns Beistimmung. (...)

Wenn wir aber etwas nicht allein groß, sondern schlechthin, absolut, in aller Absicht (über alle Vergleichung) groß, d.i. erhaben, nennen, so sieht man bald ein: daß wir für dasselbe keinen ihm angemessenen Maßstab außer ihm, sondern bloß in ihm zu suchen verstatten. Es ist eine Größe, die bloß sich selber gleich ist. Daß das Erhabene also nicht in den Dingen der Natur, sondern allein in unsern Ideen zu suchen sei, folgt hieraus.

aus: Kants Werke, Bd. 5. Walter de Gruyter, Berlin 1968, S. 248 u. 250.

M 21

Adalbert Stifter: Mein Leben (Auszug)

Weit zurück in dem leeren Nichts ist etwas wie Wonne und Entzücken, das gewaltig fassend fast vernichtend in mein Wesen drang und dem nichts mehr in meinem künftigen Leben glich. Die Merkmale, die festgehalten wurden, sind: Es war Glanz, es war Gewühl, es war unten. Dies muß sehr früh gewesen sein; denn mir ist, als liege eine sehr weite Finsternis des Nichts um das Ding herum.

Dann war etwas anderes, das sanft und lindernd durch mein Inneres ging. Das Merkmal ist: Es waren Klänge.

Dann schwamm ich in etwas Fächelndem, ich schwamm hin und wieder, es wurde immer weicher und weicher in mir, dann wurde ich wie trunken, dann war nichts mehr.

Diese drei Inseln liegen wie feen- und sagenhaft in dem Schleiermeere der Vergangenheit, wie Urerinnerungen eines Volkes.

Die folgenden Spitzen werden immer bestimmter, Klingen von Glocken, ein breiter Schein, eine rote Dämmerung.

Ganz klar war etwas, das sich immer wiederholte. Eine Stimme, die zu mir sprach, Augen, die mich anschauten, und Arme, die alles milderten. Ich schrie nach diesen Dingen.

Dann war Jammervolles, Unleidliches, dann Süßes, Stillendes. Ich erinnere mich an Strebungen, die nichts erreichten, und das Aufhören von Entsetzlichem und Zugrunderichtendem. Ich erinnere mich an Glanz und Farben, die in meinen Augen, an Töne, die in meinen Ohren und an Holdseligkeiten, die in meinem Wesen waren.

Immer mehr fühlte ich die Augen, die mich anschauten, die Stimme, die zu mir sprach, und die Arme, die alles milderten. Ich erinnere mich, daß ich das ‚Mam' nannte.

Diese Arme fühlte ich mich einmal tragen. Es waren dunkle Flecke in mir. Die Erinnerung sagte mir später, daß es Wälder gewesen sind, die außerhalb mir waren. Dann war eine Empfindung, wie die erste meines Lebens, Glanz und Gewühl, dann war nichts mehr.

aus: Adalbert Stifter, Sämtliche Werke, Bd. 25, hg. v. Klaus Zelewitz. Gerstenberg Verlag, Hildesheim 1979, S. 176–181.

6 Heinrich von Kleist: Das Bettelweib von Locarno

Emotionales Erleben und seine reflexive Verarbeitung

M 1

Am Fuße der Alpen, bei Locarno im oberen Italien, befand sich ein altes, einem Marchese gehöriges Schloß, das man jetzt, wenn man vom St. Gotthard kommt, in Schutt und Trümmern liegen sieht: ein Schloß mit hohen und weitläufigen Zimmern, in deren einem einst, auf Stroh, das man ihr unterschüttete, eine alte kranke Frau, die sich bettelnd vor der Tür eingefunden hatte, von der Hausfrau aus Mitleiden gebettet worden war. Der Marchese, der, bei der Rückkehr von der Jagd, zufällig in das Zimmer trat, wo er seine Büchse abzusetzen pflegte, befahl der Frau unwillig, aus dem Winkel, in welchem sie lag, aufzustehen, und sich hinter den Ofen zu verfügen. Die Frau, da sie sich erhob, glitschte mit der Krücke auf dem glatten Boden aus, und beschädigte sich, auf eine gefährliche Weise, das Kreuz; dergestalt, daß sie zwar noch mit unsäglicher Mühe aufstand und quer, wie es vorgeschrieben war, über das Zimmer ging, hinter den Ofen aber, unter Stöhnen und Ächzen, niedersank und verschied.

Mehrere Jahre nachher, da der Marchese, durch Krieg und Mißwachs, in bedenkliche Vermögensumstände geraten war, fand sich ein florentinischer Ritter bei ihm ein, der das Schloß, seiner schönen Lage wegen, von ihm kaufen wollte. Der Marchese, dem viel an dem Handel gelegen war, gab seiner Frau auf, den Fremden in dem obenerwähnten, leerstehenden Zimmer, das sehr schön und prächtig eingerichtet war, unterzubringen. Aber wie betreten war das Ehepaar, als der Ritter mitten in der Nacht, verstört und bleich, zu ihnen herunter kam, hoch und teuer versichernd, daß es in dem Zimmer spuke, indem etwas, das dem Blick unsichtbar gewesen, mit einem Geräusch, als ob es auf Stroh gelegen, im Zimmerwinkel aufgestanden, mit vernehmlichen Schritten, langsam und gebrechlich, quer über das Zimmer gegangen, und hinter dem Ofen, unter Stöhnen und Ächzen, niedergesunken sei.

Der Marchese erschrocken, er wußte selbst nicht recht warum, lachte den Ritter mit erkünstelter Heiterkeit aus, und sagte, er wolle sogleich aufstehen, und die Nacht zu seiner Beruhigung, mit ihm in dem Zimmer zubringen. Doch der Ritter bat um die Gefälligkeit, ihm zu erlauben, daß er auf einem Lehnstuhl, in seinem Schlafzimmer übernachte, und als der Morgen kam, ließ er anspannen, empfahl sich und reiste ab.

Dieser Vorfall, der außerordentliches Aufsehen machte, schreckte auf eine dem Marchese höchst unangenehme Weise, mehrere Käufer ab; dergestalt, daß, da sich unter seinem eigenen Hausgesinde, befremdend und unbegreiflich, das Gerücht erhob, daß es in dem Zimmer, zur Mitternachtsstunde, umgehe, er, um es mit einem entscheidenden Verfahren niederzuschlagen, beschloß, die Sache in der nächsten Nacht selbst zu untersuchen. Demnach ließ er, beim Einbruch der Dämmerung, sein Bett in dem besagten Zimmer aufschlagen, und erharrte, ohne zu schlafen, die Mitternacht. Aber wie erschüttert war er, als er in der Tat, mit dem Schlage der Geisterstunde, das unbegreifliche Geräusch wahrnahm; es war, als ob ein Mensch sich von Stroh, das unter ihm knisterte, erhob, quer über das Zimmer ging, und hinter dem Ofen, unter Geseufz und Geröchel niedersank. Die Marquise, am andern Morgen, da er herunter kam, fragte ihn, wie die Untersuchung abgelaufen; und da er sich, mit scheuen und ungewissen Blicken, umsah, und, nachdem er die Tür verriegelt, versicherte, daß es mit dem Spuk seine Richtigkeit habe: so erschrak sie, wie sie in ihrem Leben nicht getan, und bat ihn, bevor er die Sache verlauten ließe, sie noch einmal, in ihrer Gesellschaft, einer kaltblütigen Prüfung zu unterwerfen. Sie hörten aber, samt einem treuen Bedienten, den sie mitgenommen hatten, in der Tat, in der nächsten Nacht, dasselbe unbegreifliche, gespensterartige Geräusch; und nur der dringende Wunsch, das Schloß, es koste was es wolle, los zu werden, vermochte sie, das Entsetzen, das sie ergriff, in Gegenwart ihres Dieners zu unterdrücken, und dem Vorfall irgend eine gleichgültige und zufällige Ursache, die sich entdecken lassen müsse, unterzuschieben. Am Abend des dritten Tages, da beide, um der Sache auf den Grund zu kommen, mit Herzklopfen wieder die Treppe zu dem Fremdenzimmer bestiegen, fand sich zufällig der Haushund, den man von der Kette losgelassen hatte, vor der Tür desselben ein; dergestalt, daß beide, ohne sich bestimmt zu erklären, vielleicht in der unwillkürlichen Absicht, außer sich selbst noch etwas Drittes, Lebendiges, bei sich zu haben, den Hund mit sich in das Zimmer nahmen. Das Ehepaar, zwei Lichter auf dem Tisch, die Marquise unausgezogen, der Marchese Degen und Pistolen, die er aus dem Schrank genommen, neben sich, setzen sich, gegen eilf Uhr, jeder auf sein Bett; und während sie sich mit Gesprächen, so gut sie vermögen, zu unterhalten suchen, legt sich der Hund, Kopf und Beine zusammen gekauert, in der Mitte des Zimmers nieder und schläft ein. Drauf, in dem Augenblick der Mitternacht, läßt sich das entsetzliche Geräusch wieder hören; jemand, den kein Mensch mit Augen sehen kann, hebt sich, auf Krücken, im Zimmerwinkel empor; man hört das Stroh, das unter ihm rauscht; und mit dem ersten Schritt: tapp! tapp! erwacht der Hund, hebt sich plötzlich, die Ohren spitzend, vom Boden empor, und knurrend und bellend, grad als ob ein Mensch auf ihn eingeschritten käme, rückwärts gegen den Ofen weicht er aus. Bei diesem Anblick stürzt die Marquise, mit sträubenden Haaren, aus dem Zimmer; und während der Marquis, der den Degen ergriffen: wer da? ruft, und da ihm niemand antwortet, gleich einem Rasenden, nach allen Richtungen die Luft durchhaut, läßt sie anspannen, entschlossen, augenblicklich, nach der Stadt abzufahren. Aber ehe sie noch einige Sachen zusammengepackt und aus dem Tore herausgerasselt, sieht sie schon das Schloß ringsum in Flammen aufgehen. Der Marchese, von Entsetzen überreizt, hatte eine Kerze genommen, und dasselbe, überall mit Holz getäfelt wie es war, an allen vier Ecken, müde seines Lebens, angesteckt. Vergebens schickte sie Leute hinein, den Unglücklichen zu retten; er war auf die elendiglichste Weise bereits umgekommen, und noch jetzt liegen, von den Landleuten zusammengetragen, seine weißen Gebeine in dem Winkel des Zimmers, von welchem er das Bettelweib von Locarno hatte aufstehen heißen.

aus: Heinrich von Kleist, Sämtliche Werke und Briefe, hg. v. Helmut Sembdner, Zweiter Band. Carl Hanser Verlag, München 1985, S. 196–198.

7 Gerhart Hauptmann: Bahnwärter Thiel

Fokussierung von Textinformation

M 1

Er hatte seine Arbeit beendet und lehnte jetzt wartend an der schwarzweißen Sperrstange.

Die Strecke schnitt rechts und links gradlinig in den unabsehbaren grünen Forst hinein; zu ihren beiden Seiten stauten die Nadelmassen gleichsam zurück, zwischen sich eine Gasse frei lassend, die der rötlichbraune, kiesbestreute Bahndamm ausfüllte. Die schwarzen, parallellaufenden Geleise darauf glichen in ihrer Gesamtheit einer ungeheuren eisernen Netzmasche, deren schmale Strähne sich im äußersten Süden und Norden in einem Punkte des Horizontes zusammenzogen.

Der Wind hatte sich erhoben und trieb leise Wellen den Waldrand hinunter und in die Ferne hinein. Aus den Telegraphenstangen, die die Strecke begleiteten, tönten summende Akkorde. Auf den Drähten, die sich wie das Gewebe einer Riesenspinne von Stange zu Stange fortrankten, klebten in dichten Reihen Scharen zwitschernder Vögel. Ein Specht flog lachend über Thiels Kopf weg, ohne daß er eines Blikkes gewürdigt wurde.

Die Sonne, welche soeben unter dem Rande mächtiger Wolken herabhing, um in das schwarzgrüne Wipfelmeer zu versinken, goß Ströme von Purpur über den Forst. Die Säulenarkaden der Kiefernstämme jenseits des Dammes entzündeten sich gleichsam von innen heraus und glühten wie Eisen.

Auch die Geleise begannen zu glühen, feurigen Schlangen gleich, aber sie erloschen zuerst; und nun stieg die Glut langsam vom Erdboden in die Höhe, erst die Schäfte der Kiefern, weiter den größten Teil ihrer Kronen in kaltem Verwesungslichte zurücklassend, zuletzt nur noch den äußersten Rand der Wipfel mit einem rötlichen Schimmer streifend. Lautlos und feierlich vollzog sich das erhabene Schauspiel. Der Wärter stand noch immer regungslos an der Barriere. Endlich trat er einen Schritt vor. Ein dunkler Punkt am Horizonte, da wo die Geleise sich trafen, vergrößerte sich. Von Sekunde zu Sekunde wachsend, schien er doch auf einer Stelle zu stehen. Plötzlich bekam er Bewegung und näherte sich. Durch die Geleise ging ein Vibrieren und Summen, ein rhythmisches Geklirr, ein dumpfes Getöse, das, lauter und lauter werdend, zuletzt den Hufschlägen eines heranbrausenden Reitergeschwaders nicht unähnlich war.

Ein Keuchen und Brausen schwoll stoßweise fernher durch die Luft. Dann plötzlich zerriß die Stille. Ein rasendes Tosen und Toben erfüllte den Raum, die Geleise bogen sich, die Erde zitterte – ein starker Luftdruck – eine Wolke von Staub, Dampf und Qualm, und das schwarze, schnaubende Ungetüm war vorüber. So wie sie anwuchsen, starben nach und nach die Geräusche. Der Dunst verzog sich. Zum Punkte eingeschrumpft, schwand der Zug in der Ferne, und das alte heil'ge Schweigen schlug über dem Waldwinkel zusammen.

„Minna", flüsterte der Wärter, wie aus einem Traum erwacht, und ging nach seiner Bude zurück. Nachdem er sich einen dünnen Kaffee aufgebrüht, ließ er sich nieder und starrte, von Zeit zu Zeit einen Schluck zu sich nehmend, auf ein schmutziges Stück Zeitungspapier, das er irgendwo an der Strecke aufgelesen.

aus: Gerhart Hauptmann, Bahnwärter Thiel. Reclam, Stuttgart 1970, S. 17–19.

M 2

Zwei rote, runde Lichter durchdrangen wie die Glotzaugen eines riesigen Ungetüms die Dunkelheit. Ein blutiger Schein ging vor ihnen her, der die Regentropfen in seinem Bereich in Blutstropfen verwandelte. Es war, als fiele ein Blutregen vom Himmel.

Thiel fühlte ein Grauen und, je näher der Zug kam, eine um so größere Angst; Traum und Wirklichkeit verschmolzen ihm in eins. Noch immer sah er das wandernde Weib auf den Schienen, und seine Hand irrte nach der Patronentasche, als habe er die Absicht, den rasenden Zug zum Stehen zu bringen.

a. a. O., S. 23.

M 3

Über den selbstquälerischen Vorstellungen all seiner Unterlassungssünden überkam ihn eine schwere Müdigkeit, und so entschlief er mit gekrümmtem Rücken, die Stirn auf die Hand, diese auf den Tisch gelegt.

Eine Zeitlang hatte er so gelegen, als er mit erstickter Stimme mehrmals den Namen „Minna“ rief.

Ein Brausen und Sausen füllte sein Ohr, wie von unermeßlichen Wassermassen; es wurde dunkel um ihn, er riß die Augen auf und erwachte. Seine Glieder flogen, der Angstschweiß drang ihm aus allen Poren, sein Puls ging unregelmäßig, sein Gesicht war naß von Tränen. Es war stockdunkel. Er wollte einen Blick nach der Tür werfen, ohne zu wissen, wohin er sich wenden sollte. Taumelnd erhob er sich, noch immer währte seine Herzensangst. Der Wald draußen rauschte wie Meeresbrandung, der Wind warf Hagel und Regen gegen die Fenster des Häuschens. Thiel tastete ratlos mit den Händen umher. Einen Augenblick kam er sich vor wie ein Ertrinkender – da plötzlich flammte es bläulich blendend auf, wie wenn Tropfen überirdischen Lichtes in die dunkle Erdatmosphäre herabsänken, um sogleich von ihr erstickt zu werden.

Der Augenblick genügte, um den Wärter zu sich selbst zu bringen. Er griff nach seiner Laterne, die er auch glücklich zu fassen bekam, und in diesem Augenblick erwachte der Donner am fernsten Saume des märkischen Nachthimmels. Erst dumpf und verhalten grollend, wälzte er sich näher in kurzen, brandenden Erzwellen, bis er, zu Riesenstößen anwachsend, sich endlich, die ganze Atmosphäre überflutend, drohend, schütternd und brausend entlud.

Die Scheiben klirrten, die Erde erbebte.

Thiel hatte Licht gemacht. Sein erster Blick, nachdem er die Fassung wiedergewonnen, galt der Uhr. Es lagen kaum fünf Minuten zwischen jetzt und der Ankunft des Schnellzuges. Da er glaubte, das Signal überhört zu haben, begab er sich, so schnell als Sturm und Dunkelheit erlaubten, nach der Barriere. Als er noch damit beschäftigt war, diese zu schließen, erklang die Signalglocke. Der Wind zerriß ihre Töne und warf sie nach allen Richtungen auseinander. Die Kiefern bogen sich und rieben unheimlich knarrend und quietschend ihre Zweige aneinander. Einen Augenblick wurde der Mond sichtbar, wie er gleich einer blaßgoldnen Schale zwischen den Wolken lag. In seinem Lichte sah man das Wühlen des Windes in den schwarzen Kronen der Kiefern. Die Blattgehänge der Birken am Bahndamm wehten und flatterten wie gespenstige Roßschweife. Darunter lagen die Linien der Geleise, welche, vor Nässe glänzend, das blasse Mondlicht in einzelnen Flecken aufsaugten.

Thiel riß die Mütze vom Kopfe. Der Regen tat ihm wohl und lief vermischt mit Tränen über sein Gesicht. Es gärte in seinem Hirn; unklare Erinnerungen an das, was er im Traum gesehen, verjagten einander. Es war ihm gewesen, als würde Tobias von jemand gemißhandelt, und zwar auf eine so entsetzliche Weise, daß ihm noch jetzt bei dem Gedanken daran das Herz stillestand. Einer anderen Erscheinung erinnerte er sich deutlicher. Er hatte seine verstorbene Frau gesehen. Sie war irgendwoher aus der Ferne gekommen, auf einem der Bahngeleise. Sie hatte recht kränklich ausgesehen, und statt der Kleider hatte sie Lumpen getragen. Sie war an Thiels Häuschen vorübergekommen, ohne sich darnach umzuschauen, und schließlich – hier wurde die Erinnerung undeutlich – war sie aus irgendwelchem Grunde nur mit großer Mühe vorwärts gekommen und sogar mehrmals zusammengebrochen.

Thiel dachte weiter nach, und nun wußte er, daß sie sich auf der Flucht befunden hatte. Es lag außer allem Zweifel, denn weshalb hätte sie sonst diese Blicke voll Herzensangst nach rückwärts gesandt und sich weitergeschleppt, obgleich ihr die Füße den Dienst versagten. O diese entsetzlichen Blicke!

Aber es war etwas, das sie mit sich trug, in Tücher gewickelt, etwas Schlaffes, Blutiges, Bleiches, und die Art, mit der sie darauf niederblickte, erinnerte ihn an Szenen der Vergangenheit.

Er dachte an eine sterbende Frau, die ihr kaum geborenes Kind, das sie zurücklassen mußte, unverwandt anblickte, mit einem Ausdruck tiefsten Schmerzes, unfaßbarer Qual, jenem Ausdruck, den Thiel ebensowenig vergessen konnte, wie daß er einen Vater und eine Mutter habe.

Wo war sie hingekommen? Er wußte es nicht. Das aber trat ihm klar vor die Seele: sie hatte sich von ihm losgesagt, ihn nicht beachtet, sie hatte sich fortgeschleppt immer weiter und weiter durch die stürmische, dunkle Nacht. Er hatte sie gerufen: „Minna, Minna“, und davon war er erwacht.

a. a. O., S. 21–23.

M 4

Nachdem die Frau hastig eine dicke Brotkante verzehrt hatte, warf sie Tuch und Jacke fort und begann zu graben, mit der Geschwindigkeit und Ausdauer einer Maschine.

In bestimmten Zwischenräumen richtete sie sich auf und holte in tiefen Zügen Luft, aber es war jeweilig nur ein Augenblick, wenn nicht etwa das Kleine gestillt werden mußte, was mit keuchender, schweißtropfender Brust hastig geschah.

a. a. O., S. 27.

M 5

Der Zug wurde sichtbar – er kam näher – in unzählbaren, sich überhastenden Stößen fauchte der Dampf aus dem schwarzen Maschinenschlote. Da: ein – zwei – drei milchweiße Dampfstrahlen quollen kerzengerade empor, und gleich darauf brachte die Luft den Pfiff der Maschine getragen. Dreimal hintereinander, kurz, grell, beängstigend. Sie bremsen, dachte Thiel, warum nur? Und wieder gelten die Notpfiffe schreiend, den Widerhall weckend, diesmal in langer, ununterbrochener Reihe.

Thiel trat vor, um die Strecke überschauen zu können. Mechanisch zog er die rote Fahne aus dem Futteral und hielt sie gerade vor sich hin über die Geleise. –

a. a. O., S. 29.

M 6

Es war ein herrlicher Sonntagmorgen.
Die Wolken hatten sich zerteilt und waren mittlerweile hinter den Umkreis des Horizontes hinabgesunken. Die Sonne goß, im Aufgehen gleich einem ungeheuren blutroten Edelstein funkelnd, wahre Lichtmassen über den Forst.

In scharfen Linien schossen die Strahlenbündel durch das Gewirr der Stämme, hier eine Insel zarter Farrenkräuter, deren Wedel feingeklöppelten Spitzen glichen, mit Glut behauchend, dort die silbergrauen Flechten des Waldgrundes zu roten Korallen umwandelnd.

Von Wipfeln, Stämmen und Gräsern floß der Feuertau. Eine Sintflut von Licht schien über die Erde ausgegossen. Es lag eine Frische in der Luft, die bis ins Herz drang, und auch hinter Thiels Stirn mußten die Bilder der Nacht allmählich verblassen.

a. a. O., S. 24.

M 7

Stücke blauen Himmels schienen auf den Boden des Haines herabgesunken, so wunderbar dicht standen kleine blaue Blüten darauf. Farbigen Wimpeln gleich flatterten und gaukelten die Schmetterlinge lautlos zwischen dem leuchtenden Weiß der Stämme, indes durch die zartgrünen Blätterwolken der Birkenkronen ein sanftes Rieseln ging.

Tobias rupfte Blumen, und der Vater schaute ihm sinnend zu. Zuweilen erhob sich auch der Blick des letzteren und suchte durch die Lücken der Blätter den Himmel, der wie eine riesige, makellos blaue Kristallschale das Goldlicht der Sonne auffing.

„Vater, ist das der liebe Gott?“ fragte der Kleine plötzlich, auf ein braunes Eichhörnchen deutend, das unter kratzenden Geräuschen am Stamme einer alleinstehenden Kiefer hinanhuschte.

a. a. O., S. 28

M 8

Etwa hundert Schritte hatte er so das unsichtbare Etwas verfolgt, als er anscheinend mutlos stehenblieb, und mit entsetzlicher Angst in den Mienen streckte der Mann seine Arme aus, flehend, beschwörend. Er strengte seine Augen an und beschattete sie mit der Hand, wie um noch einmal in weiter Ferne das Wesenlose zu entdecken. Schließlich sank die Hand, und der gespannte Ausdruck seines Gesichts verkehrte sich in stumpfe Ausdruckslosigkeit; er wandte sich und schleppte sich den Weg zurück, den er gekommen.

Die Sonne goß ihre letzte Glut über den Forst, dann erlosch sie. Die Stämme der Kiefern streckten sich wie bleiches, verwestes Gebein zwischen die Wipfel hinein, die wie grauschwarze Moderschichten auf ihnen lasteten. Das Hämmern eines Spechtes durchdrang die Stille. Durch den kalten, stahlblauen Himmelsraum ging ein einziges, verspätetes Rosengewölk. Der Windhauch wurde kellerkalt, so daß es den Wärter fröstelte. Alles war ihm neu, alles fremd. Er wußte nicht, was das war, worauf er ging, oder das, was ihn umgab. Da huschte ein Eichhorn über die Strecke, und Thiel besann sich. Er mußte an den lieben Gott denken, ohne zu wissen, warum.

a. a. O., S. 34–35.

M 9

Während Lene in die dunkle, mit Waren überfüllte Kammer des Krämers kam, beschäftigte sich der Wärter daheim ausschließlich mit Tobias. Der Junge saß auf seinen Knien und spielte mit einigen Kiefernzapfen, die Thiel mit aus dem Walde gebracht hatte.

„Was willst du werden?“ fragte ihn der Vater, und diese Frage war stereotyp wie die Antwort des Jungen: „Ein Bahnmeister.“ Es war keine Scherzfrage, denn die Träume des Wärters verstiegen sich in der Tat in solche Höhen, und er hegte allen Ernstes den Wunsch und die Hoffnung, daß aus Tobias mit Gottes Hilfe etwas Außergewöhnliches werden sollte. Sobald die Antwort „Ein Bahnmeister“ von den blutlosen Lippen des Kleinen kam, der natürlich nicht wußte, was sie bedeuten sollte, begann Thiels Gesicht sich aufzuhellen, bis es förmlich strahlte von innerer Glückseligkeit.

„Geh, Tobias, geh spielen!“ sagte er kurz darauf, indem er eine Pfeife Tabak mit einem im Herdfeuer entzündeten Span in Brand steckte, und der Kleine drückte sich alsbald in scheuer Freude zur Türe hinaus. Thiel entkleidete sich, ging zu Bett und entschlief, nachdem er geraume Zeit gedankenvoll die niedrige und rissige Stubendecke angestarrt hatte.

a. a. O., S. 10–11.

M 10

Die Wanduhr mit dem langen Pendel und dem gelbsüchtigen Zifferblatt zeigte dreiviertel fünf, als Thiel fortging. Ein kleiner Kahn, sein Eigentum, brachte ihn über den Fluß. Am jenseitigen Spreeufer blieb er einige Male stehen und lauschte nach dem Ort zurück. Endlich bog er in einen breiten Waldweg und befand sich nach wenigen Minuten inmitten des tiefrauschenden Kiefernforstes, dessen Nadelmassen einem schwarzgrünen, wellenwerfenden Meere glichen. Unhörbar wie auf Filz schritt er über die feuchte Moos- und Nadelschicht des Waldbodens. Er fand seinen Weg, ohne aufzublicken, hier durch die rostbraunen Säulen des Hochwaldes, dort weiterhin durch dichtverschlungenes Jungholz, noch weiter über ausgedehnte Schonungen, die von einzelnen hohen und schlanken Kiefern überschattet wurden, welche man zum Schutze für den Nachwuchs aufbehalten hatte. Ein bläulicher, durchsichtiger, mit allerhand Düften geschwängerter Dunst stieg aus der Erde auf und ließ die Formen der Bäume verwaschen erscheinen. Ein schwerer, milchiger Himmel hing tief herab über die Baumwipfel. Krähenschwärme badeten gleichsam im Grau der Luft, unaufhörlich ihre knarrenden Rufe ausstoßend. Schwarze Wasserlachen füllten die Vertiefungen des Weges und spiegelten die trübe Natur noch trüber wider.

Ein furchtbares Wetter, dachte Thiel, als er aus tiefem Nachdenken erwachte und aufschaute.

a. a. O., S. 12–13.

M 11

Peter Handke: Die Angst des Tormanns beim Elfmeter

In seinem Zimmer im Gasthof wachte er kurz vor dem Morgengrauen auf. Unvermittelt war ihm alles ringsherum unerträglich. Er überlegte, ob er aufgewacht war, gerade weil zu einem gewissen Zeitpunkt, jetzt kurz vor Morgengrauen, mit einem Schlag alles unerträglich wurde. Die Matratze, auf der er lag, war eingesunken, die Schränke und Kommoden standen weit weg an den Wänden, die Decke über ihm war unerträglich hoch. Es war so still in dem halbdunklen Raum, draußen auf dem Gang und vor allem draußen auf der Straße, daß Bloch es nicht mehr aushielt. Ein heftiger Ekel packte ihn. Er erbrach sofort in das Waschbecken. Er erbrach einige Zeit, ohne Erleichterung. Er legte sich wieder aufs Bett. Er war nicht schwindlig, sah im Gegenteil alles in einem unerträglichen Gleichgewicht. Es nützte nichts, daß er sich aus dem Fenster beugte und die Straße hinunterschaute. Eine Plane lag still über einem abgestellten Auto. Drinnen im Zimmer erblickte er an der Wand die zwei Wasserrohre; sie liefen parallel, wurden begrenzt oben von der Decke, unten vom Fußboden. Alles, was er sah, war auf die unerträglichste Weise abgegrenzt. Der Brechreiz hob ihn nicht etwa auf, sondern drückte ihn noch zusammen. Es kam ihm vor, als hätte ihn ein Stemmeisen von dem, was er sah, abgestemmt, oder als seien vielmehr die Gegenstände ringsherum von ihm abgehoben worden. Der Schrank, das Waschbecken, die Reisetasche, die Tür: erst jetzt fiel ihm auf, daß er, wie in einem Zwang, zu jedem Gegenstand das Wort dazudachte. Jedem Ansichtigwerden eines Gegenstands folgte sofort das Wort nach. Der Stuhl, die Kleiderbügel, der Schlüssel. Es war früher so still geworden, daß keine Geräusche mehr ihn ablenken konnten; und weil es einerseits so hell war, daß er die Gegenstände ringsherum sah, und andererseits so still, daß keine Geräusche ihn davon ablenken konnten, hatte er die Gegenstände so gesehen, als ob sie gleichzeitig Reklame für sich selber seien. In der Tat war der Ekel ein ähnlicher Ekel, wie er ihn manchmal vor gewissen Reklameversen, Schlagermelodien oder Staatshymnen hatte, die er bis in den Schlaf hinein nachsprechen oder nachsummen mußte. Er hielt den Atem an wie bei einem Schluckauf. Beim Einatmen kam es dann zurück. Wieder hielt er den Atem an. Nach einiger Zeit half es, und er schlief ein.

aus: Peter Handke, Die Angst des Tormanns beim Elfmeter, S. 56–57.

8 Georg Trakl: Rondel

Transformation ins parasprachliche Medium – Schüler gestalten ein Gedicht als Tanz

M 1

Georg Trakl: Rondel

Verflossen ist das Gold der Tage,

Des Abends braun und blaue Farben:

Des Hirten sanfte Flöten starben

Des Abends blau und braune Farben

Verflossen ist das Gold der Tage.

aus: Karl Otto Conrady (Hg.),
Das große Deutsche Gedichtbuch.
Athenäum, Königstein/Ts. 1985, S. 720.

M 2

Karl Krolow: Herbstlandschaft

Kartoffelsäcke am Raine!
Das Laub des Ahorns glüht rot.
Und mittags nocheinmal die kleine
Grillenmusik. Wie ein Boot
zieht die herbstliche Wolke vorüber
mit Schatten und Regengrau.
Der Rübenacker liegt trüber
unter dem Wäscheblau
des kalten Himmels. Es fallen
die Eckern im plötzlichen Wind.
Und unter den Füßen knallen
Schneebeeren, die reif nun sind.

aus: Gerhard Haas, Krolow und Trakl. Zwei Herbstgedichte,
in: Praxis Deutsch, H. 98, Nov. 1989, S. 43.

M 3

Erich Kästner:
Herbst auf der ganzen Linie

Nun gibt der Herbst dem Wind die Sporen.
Die bunten Laubgardinen wehn.
Die Straßen ähneln Korridoren,
in denen Türen offenstehn.

Das Jahr vergeht in Monatsraten.
Es ist schon wieder fast vorbei.
Und was man tut, sind selten Taten.
Das, was man tut, ist Tuerei.

Es ist, als ob die Sonne scheine.
läßt uns kalt. Sie scheint zum Schein.
Man nimmt den Magen an die Leine.
Er knurrt. Er will gefüttert sein.

Das Laub verschießt, wird immer gelber,
nimmt Abschied vom Geäst und sinkt.
Die Erde dreht sich um sich selber.
Man merkt es deutlich, wenn man trinkt.

Wird man denn wirklich nur geboren,
um wie die Jahre zu vergehn?
Die Straßen ähneln Korridoren,
in denen Türen offenstehn.

Die Stunden machen ihre Runde.
Wir folgen ihnen Schritt für Schritt.
Und gehen langsam vor die Hunde.
Man führt uns hin. Wir laufen mit.

Man grüßt die Welt mit kalten Mienen.
Das Lächeln ist nicht ernst gemeint.
Es wehen bunte Laubgardinen.
Nun regnet's gar. Der Himmel weint.

Man ist allein und wird es bleiben.
Ruth ist verreist, und der Verkehr
beschränkt sich bloß aufs Briefeschreiben.
Die Liebe ist schon lange her!

Das Spiel ist ganz und gar verloren.
Und dennoch wird es weitergehn.
Die Straßen ähneln Korridoren,
in denen Türen offenstehn.

aus: Erich Kästner, Gesammelte Schriften für Erwachsene,
Atrium Verlag, Zürich 1969.

M 4

Eduard Mörike: Septembermorgen

Im Nebel ruhet noch die Welt,
Noch träumen Wald und Wiesen:
Bald siehst du, wenn der Schleier fällt,
Den blauen Himmel unverstellt,
Herbstkräftig die gedämpfte Welt
In warmem Golde fließen.

aus: Karl Otto Conrady (Hg.): Das große deutsche Gedichtbuch. Athenäum, Königstein/Ts. 1985, S. 449.

M 5

Georg Heym: Der Herbst

Viele Drachen stehen in dem Winde,
Tanzend in der weiten Lüfte Reich.
Kinder stehn im Feld in dünnen Kleidern,
Sommersprossig, und mit Stirnen bleich.

In dem Meer der goldnen Stoppeln segeln
kleine Schiffe, weiß und leicht erbaut,
und in Träumen seiner leichten Weite
sinkt der Himmel wolkenüberblaut.

Weit gerückt in unbewegter Ruhe
steht der Wald wie eine rote Stadt.
Und des Herbstes goldne Flaggen hängen
von den höchsten Türmen schwer und matt.

aus: Georg Heym, Dichtungen und Schriften, Bd. 1. München 1964.

M 6

Peter Huchel: Herbst der Bettler

Das spröde Holz am Brombeerbaum
trug auswärts Früchte viel,
ganz erdige, von Sonne braun
und Regen innen kühl.

Die nachts auf blachem Felde ruhn,
sie kämmten aus das Laub,
eh sie auf drahtgeflickten Schuhn
fortzogen unterm Staub.

Oktoberbüsche, kahl und naß
verfaulter Nüsse Riß,
im rauhreifübereisten Gras
des Nebels kalter Biß.

Wie eine Wabe ausgeleert,
die Sonnenblume starrt.
Der Wind, der durch die Dornen fährt,
klirrt wie ein Messer hart.

aus: Praxis Deutsch, H. 97, September 1989, S. 44.

M 7

Franz Kafka: Gib's auf!

Es war sehr früh am Morgen, die Straßen rein und leer, ich ging zum Bahnhof. Als ich eine Turmuhr mit meiner Uhr verglich, sah ich, daß es schon viel später war, als ich geglaubt hatte, ich mußte mich sehr beeilen, der Schrecken über diese Entdeckung ließ mich im Weg unsicher werden, ich kannte mich in dieser Stadt noch nicht sehr gut aus, glücklicherweise war ein Schutzmann in der Nähe, ich lief zu ihm und fragte ihn atemlos nach dem Weg. Er lächelte und sagte: „Von mir willst du den Weg erfahren?“ „Ja“, sagte ich, „da ich ihn selbst nicht finden kann.“ „Gib's auf, gib's auf“, sagte er und wandte sich mit einem großen Schwunge ab, so wie Leute, die mit ihrem Lachen allein sein wollen.

aus: Franz Kafka, Gesammelte Werke, hg. v. Max Brod. Bd. 5, Fischer, Frankfurt a. Main 1976, S. 87.

9 Annette von Droste-Hülshoff: Der Knabe im Moor

Erleben und Analysieren ästhetischer Textqualitäten (Variante 1) und Darstellendes Vorlesen (Variante 2)

M 1

Annette von Droste-Hülshoff: Der Knabe im Moor – Arbeitsblatt

O schaurig ist's über's Moor zu gehn,
Wenn es wimmelt vom Haiderauche,
Sich wie Phantome die Dünste drehn
Und die Ranke häkelt am Strauche,
Unter jedem Tritt ein Quellchen springt,
Wenn aus der Spalte es __________ und __________.
O schaurig ist's über's Moor zu gehn,
Wenn das Röhricht __________ im Hauche!

Fest hält die Fibel das zitternde Kind
Und rennt als ob man es jage;
Hohl über die Fläche __________ der Wind –
Was __________ drüben am Haage?
Das ist der gespenstige Gräberknecht,
Der dem Meister die besten Torfe verzecht;
Hu, hu, es bricht wie ein irres Rind!
Hinducket das Knäblein zage.

Vom Ufer starret Gestumpf hervor,
Unheimlich nicket die Föhre,
Der Knabe rennt, gespannt das Ohr,
Durch Riesenhalme wie Speere;
Und wie es __________ und __________ darin!
Das ist die unselige Spinnerin,
Das ist die gebannte Spinnlenor',
Die den Haspel dreht im Geröhre!

Voran, voran, nur immer im Lauf,
Voran als woll' es ihn hohlen;
Vor seinem Fuße __________ es auf,
Es __________ ihm unter den Sohlen
Wie eine gespenstige Melodey;
Das ist der Geigemann ungetreu,
Das ist der diebische Fiedler Knauf,
Der den Hochzeitheller gestohlen!

Da __________ das Moor, ein Seufzer geht
Hervor aus der klaffenden Höhle;
Weh, weh, da ruft die verdammte Margreth:
„Ho, ho, meine arme Seele!"
Der Knabe springt wie ein wundes Reh,
Wär' nicht Schutzengel in seiner Näh',
Seine bleichenden Knöchelchen fände spät
Ein Gräber im Moorgeschwehle.

Da mählig gründet der Boden sich,
Und drüben, neben der Weide,
Die Lampe flimmert so heimathlich,
Der Knabe steht an der Scheide.
Tief athmet er auf, zum Moor zurück
Noch immer wirft er den scheuen Blick:
Ja, im Geröhre war's fürchterlich,
O schaurig wars in der Haide!

aus: Annette von Droste-Hülshoff, Sämtliche Werke, hg. v. Clemens Heselhaus. Carl Hanser Verlag, München 1966, S. 83–84.

M 2

Annette von Droste-Hülshoff: Der Knabe im Moor

O schaurig ist's über's Moor zu gehn,
Wenn es wimmelt vom Haiderauche,
Sich wie Phantome die Dünste drehn
Und die Ranke häkelt am Strauche,
Unter jedem Tritt ein Quellchen springt,
Wenn aus der Spalte es zischt und singt.
O schaurig ist's über's Moor zu gehn,
Wenn das Röhricht knistert im Hauche!

Fest hält die Fibel das zitternde Kind
Und rennt als ob man es jage;
Hohl über die Fläche sauset der Wind –
Was raschelt drüben am Haage?
Das ist der gespenstige Gräberknecht,
Der dem Meister die besten Torfe verzecht;
Hu, hu, es bricht wie ein irres Rind!
Hinducket das Knäblein zage.

Vom Ufer starret Gestumpf hervor,
Unheimlich nicket die Föhre,
Der Knabe rennt, gespannt das Ohr,
Durch Riesenhalme wie Speere;
Und wie es rieselt und knittert darin!
Das ist die unselige Spinnerin,
Das ist die gebannte Spinnlenor',
Die den Haspel dreht im Geröhre!

Voran, voran, nur immer im Lauf,
Voran als woll' es ihn hohlen;
Vor seinem Fuße brodelt es auf,
Es pfeift ihm unter den Sohlen
Wie eine gespenstige Melodey;
Das ist der Geigemann ungetreu,
Das ist der diebische Fiedler Knauf,
Der den Hochzeitheller gestohlen!

Da birst das Moor, ein Seufzer geht
Hervor aus der klaffenden Höhle;
Weh, weh, da ruft die verdammte Margreth:
„Ho, ho, meine arme Seele!"
Der Knabe springt wie ein wundes Reh,
Wär' nicht Schutzengel in seiner Näh',
Seine bleichenden Knöchelchen fände spät
Ein Gräber im Moorgeschwehle.

Da mählig gründet der Boden sich,
Und drüben, neben der Weide,
Die Lampe flimmert so heimathlich,
Der Knabe steht an der Scheide.
Tief athmet er auf, zum Moor zurück
Noch immer wirft er den scheuen Blick:
Ja, im Geröhre war's fürchterlich,
O schaurig wars in der Haide!

aus: Annette von Droste-Hülshoff, Sämtliche Werke, hg. v. Clemens Heselhaus. Carl Hanser Verlag, München 1966, S. 83–84.

M 3

B. H.: Der Heidemesser

Der Süd durchfleucht
Die Heide feucht,
In himmlischer Ferne
Erblassen die Sterne,
Es eilet der Knabe: ‚O wär' ich zu Haus!
Da ist es warm, da wird mir nicht graus!'

Dem Knaben graut
Im Heidekraut,
Da glüht es so helle
Von Stelle zu Stelle,
Da zittert das Kraut, da risselt der Schilf.
Der Knabe rufet: ‚Mein Vater, o hilf!'

Der Knabe flieht
Durch Kraut und Ried
Und stürzt in die Hütte
Mit bebendem Schritte,
Da atmet er frei, da wehet es warm,
‚Was bist du so blaß? Komm, ruh' mir im Arm!'

‚Ach, ach, mir graut
Im Heidekraut,
Da glüht es so helle
Von Stelle zu Stelle,
Da zittert das Kraut, da risselt der Schilf.
Ich rief vor Schrecken: ‚Mein Vater, so hilf!'

‚Mein Kind, das ist
Der böse Christ,
Durchwandelt die Heide
In Trauer und Leide
Mit dürrem Fuße bei nächtlichem Graun.
Und öfter noch wirst du im Sturm ihn schaun.

Der Mann war schlecht,
Er maß nicht recht,
Drum mißt er die Stätte
Mit glühender Kette
Von alters her bis zum Ende der Welt.
Tu immer, mein Söhnchen, was Gott gefällt!'

Erschienen im „Westfälischen Merkur" vom 18. 12. 1837, zitiert nach: Winfried Woesler: Annette von Droste-Hülshoff. Der Knabe im Moor, in: Wirkendes Wort, Jg. 31, 1981, H. 4, S. 242–243.

M 4

Friedrich Hebbel: Der Heideknabe

Der Knabe träumt, man schicke ihn fort
Mit dreißig Talern zum Heide-Ort,
Er ward drum erschlagen am Wege
Und war doch nicht langsam und träge.

Noch liegt er im Angstschweiß, da rüttelt ihn
Sein Meister, und heißt ihm, sich anzuziehn
Und legt ihm das Geld auf die Decke
Und fragt ihn, warum er erschrecke.

„Ach Meister, mein Meister, sie schlagen mich tot,
Die Sonne, sie ist ja wie Blut so rot!"
Sie ist es für dich nicht alleine,
Drum schnell, sonst mach ich dir Beine!

„Ach Meister, mein Meister, so sprachst du schon,
Da war das Gesicht, der Blick, der Ton,
Gleich greifst du" – zum Stock, will er sagen,
Er sagts nicht, er wird schon geschlagen.

„Ach Meister, mein Meister, ich geh, ich geh,
Bring meiner Frau Mutter das letzte Ade!
Und sucht sie nach allen vier Winden,
Am Weidenbaum bin ich zu finden!"

Hinaus aus der Stadt! Und da dehnt sie sich,
Die Heide, nebelnd, gespenstiglich,
Die Winde darüber sausend,
„Ach, wär hier ein Schritt, wie tausend!"

Und alles so still, und alles so stumm,
Man sieht sich umsonst nach Lebendigem um,
Nur hungrige Vögel schießen
Aus Wolken, um Würmer zu spießen.

Er kommt ans einsame Hirtenhaus,
Der alte Hirt schaut eben heraus,
Des Knaben Angst ist gestiegen,
Am Wege bleibt er noch liegen.

„Ach Hirte, du bist ja von frommer Art,
Vier gute Groschen hab ich erspart,
Gib deinen Knecht mir zur Seite,
Daß er bis zum Dorf mich begleite.

Ich will sie ihm geben, er trinke dafür
Am nächsten Sonntag ein gutes Bier,
Dies Geld hier, ich trag es mit Beben,
Man nahm mir im Traum drum das Leben!"

Der Hirt, der winkte dem langen Knecht,
Er schnitt sich eben den Stecken zurecht,
Jetzt trat er hervor – wie graute
Dem Knaben, als er ihn schaute!

„Ach Meister Hirte, ach nein, ach nein,
Es ist doch besser, ich geh allein!"
Der Lange spricht grinsend zum Alten:
Er will die vier Groschen behalten.

„Da sind die vier Groschen!" Er wirft sie hin
Und eilt hinweg mit verstörtem Sinn.
Schon kann er die Weide erblicken,
Da klopft ihn der Knecht in den Rücken.

Du hältst es nicht aus, du gehst zu geschwind,
Ei, Eile mit Weile, du bist ja noch Kind,
Auch muß das Geld dich beschweren,
Wer kann dir das Ausruhn verwehren!

Komm, setz dich unter den Weidenbaum
Und dort erzähl mir den häßlichen Traum,
Mir träumte – Gott soll mich verdammen,
Triffts nicht mit deinem zusammen!

Er faßt den Knaben wohl bei der Hand,
Der leistet auch nimmermehr Widerstand,
Die Blätter flüstern so schaurig,
Das Wässerlein rieselt so traurig!

Nun sprich, du träumtest – „Es kam ein Mann –"
War ich das? Sieh mich doch näher an,
Ich denke, du hast mich gesehen!
Nun weiter, wie ist es geschehen?

„Er zog ein Messer!" – War das, wie dies? –
„Ach ja, ach ja!" – Er zogs? – „Und stieß –"
Er stieß dirs wohl so durch die Kehle?
Was hilft es auch, daß ich dich quäle!

Und fragt ihr, wie's weiter gekommen sei?
So fragt zwei Vögel, sie saßen dabei,
Der Rabe verweilte gar heiter,
Die Taube konnte nicht weiter!

Der Rabe erzählt, was der Böse noch tat,
Und auch, wie's der Henker gerochen hat,
Die Taube erzählt, wie der Knabe
Geweint und gebetet habe.

aus: Friedrich Hebbel, Werke, Bd. 3. Wissenschaftliche Buchgesellschaft, Darmstadt 1965, S. 26–28.

M 5

Annette von Droste-Hülshoff: Die Vergeltung

I

Der Kapitän steht an der Spiere,
Das Fernrohr in gebräunter Hand,
Dem schwarzgelockten Passagiere
Hat er den Rücken zugewandt.
Nach einem Wolkenstreif in Sinnen
Die Beiden wie zwei Pfeiler sehn,
Der Fremde spricht: „was braut da drinnen?“
„Der Teufel“, brummt der Kapitän.

Da hebt von morschen Balkens Trümmer
Ein Kranker seine feuchte Stirn,
Das Aethers Blau, der See Geflimmer,
Ach, Alles quält sein fiebernd Hirn!
Er läßt die Blicke, schwer und düster,
Entlängs dem harten Pfühle gehn,
Die eingegrabnen Worte liest er:
„Batavia. Fünfhundert Zehn.“

Die Wolke steigt, zur Mittagsstunde
Das Schiff ächzt auf der Wellen Höhn,
Gezisch, Geheul aus wüstem Grunde,
Die Bohlen weichen mit Gestöhn.
„Jesus, Marie! wir sind verloren!“
Vom Mast geschleudert der Matros’,
Ein dumpfer Krach in Aller Ohren,
Und langsam löst der Bau sich los.

Noch liegt der Kranke am Verdecke,
Um seinen Balken fest geklemmt,
Da kömmt die Fluth, und eine Strecke
Wird er in’s wüste Meer geschwemmt.
Was nicht geläng’ der Kräfte Sporne,
Das leistet ihm der starre Krampf,
Und wie ein Narwall mit dem Horne
Schießt fort er durch der Wellen Dampf

Wie lange so? er weiß es nimmer,
Dann trifft ein Strahl des Auges Ball,
Und langsam schwimmt er mit der Trümmer
Auf ödem glitzerndem Kristall.
Das Schiff! – die Mannschaft! – sie versanken.
Doch nein, dort auf der Wasserbahn,
Dort sieht den Passagier er schwanken
In einer Kiste morschem Kahn.

Armselge Lade! sie wird sinken,
Er strengt die heisre Stimme an:
„Nur grade! Freund, du drückst zur Linken!“
Und immer näher schwankt’s heran,
Und immer näher treibt die Trümmer,
Wie ein verwehtes Mövennest;
„COURAGE!“ ruft der kranke Schwimmer,
„Mich dünkt ich sehe Land im West!“

Nun rühren sich der Fähren Ende,
Er sieht des fremden Auges Blitz,
Da plötzlich fühlt er starke Hände,
Fühlt wüthend sich gezerrt vom Sitz.
„Barmherzigkeit! ich kann nicht kämpfen.“
Er klammert dort, er klemmt sich hier;
Ein heisrer Schrei, den Wellen dämpfen,
Am Balken schwimmt der Passagier.

Dann hat er kräftig sich geschwungen,
Und schaukelt durch das öde Blau,
Er sieht das Land wie Dämmerungen
Enttauchen und zergehn in Grau.
Noch lange ist er so geschwommen,
Umflattert von der Möve Schrei,
Dann hat ein Schiff ihn aufgenommen,
Viktoria! nun ist er frei!

II

Drei kurze Monde sind verronnen,
Und die Fregatte liegt am Strand,
Wo mittags sich die Robben sonnen,
Und Bursche klettern über’n Rand,
Den Mädchen ist’s ein Abentheuer
Es zu erschaun vom fernen Riff,
Denn noch zerstört ist nicht geheuer
Das gräuliche Corsarenschiff.

Und vor der Stadt da ist ein Waten,
Ein Wühlen durch das Kiesgeschrill,
Da die verrufenen Piraten
Ein Jeder sterben sehen will.
Aus Strandgebälken, morsch, zertrümmert,
Hat man den Galgen, dicht am Meer,
In wüster Eile aufgezimmert.
Dort dräut er von der Düne her!

Welch ein Getümmel an den Schranken! –
„Da kömmt der Frei – der Hessel jetzt –
Da bringen sie den schwarzen Franken,
Der hat geläugnet bis zuletzt.“
„Schiffbrüchig sey er hergeschwommen“,
Höhnt eine Alte: „Ei, wie kühn!
Doch Keiner sprach zu seinen Frommen,
Die ganze Bande gegen ihn.“

Der Passagier, am Galgen stehend,
Hohläugig, mit zerbrochnem Muth,
Zu jedem Räuber flüstert flehend:
„Was that dir mein unschuldig Blut!
Barmherzigkeit! – so muß ich sterben
Durch des Gesindels Lügenwort,
O mög’ die Seele euch verderben!“
Da zieht ihn schon der Scherge fort.

Er sieht die Menge wogend spalten –
Er hört das Summen im Gewühl –
Nun weiß er, daß des Himmels Walten
Nur seiner Pfaffen Gaukelspiel!
Und als er in des Hohnes Stolze
Will starren nach den Ätherhöhn,
Da liest er an des Galgens Holze:
„Batavia. Fünfhundert Zehn.“

aus: Annette von Droste-Hülshoff, Historisch-kritische Ausgabe, Bd. 1, hg. v. Winfried Woesler. Niemeyer, Tübingen 1985, S. 280–283.

M 6

Annette von Droste-Hülshoff: Der Aberglaube der Münsterländer

Der Münsterländer ist überhaupt sehr abergläubisch, sein Aberglaube aber so harmlos, wie er selber. Von Zauberkünsten weiß er nichts, von Hexen und bösen Geistern wenig, obwohl er sich sehr vor dem Teufel fürchtet, jedoch meint, daß dieser wenig Veranlassung finde, im Münsterlande umzugehen. – Die häufigen Gespenster in Moor, Haide und Wald sind arme Seelen aus dem Fegfeuer, deren täglich in vielen tausend Rosenkränzen gedacht wird, und ohne Zweifel mit Nutzen, da man zu bemerken glaubt, daß die „Sonntagsspinnerin“ ihre blutigen Arme immer seltener aus dem Gebüsche streckt, der „diebische Torfgräber“ nicht halb so kläglich mehr im Moore ächzt und vollends der „kopflose Geiger“ seinen Sitz auf dem Waldstege gänzlich verlassen zu haben scheint.

aus: Annette von Droste-Hülshoff, Historisch-kritische Ausgabe, Bd. 5. Niemeyer, Tübingen 1978, S. 71.

M 7

Johann Wolfgang von Goethe: Ballade, Betrachtung und Auslegung

Die Ballade hat etwas Mysterioses, ohne mystisch zu sein; diese letzte Eigenschaft eines Gedichtes liegt im Stoff, jene in der Behandlung. Das Geheimnisvolle der Ballade entspringt aus der Vortragsweise. (...) Übrigens ließe sich an einer Auswahl solcher Gedichte die ganze Poetik gar wohl vortragen, weil hier die Elemente noch nicht getrennt, sondern wie in einem lebendigen Ur-Ei zusammen sind (...).

aus: Goethes Werke, Hamburger Ausgabe, hg. v. Erich Trunz. Hamburg 1949, Bd. 1, S. 400.

M 8

Georg Britting: Fröhlicher Regen

Wie der Regen tropft, Regen tropft,
an die Scheiben klopft!
Jeder Strauch ist naß bezopft.

Wie der Regen springt!
In den Blättern singt
eine Silberuhr.
Durch das Gras hin läuft,
wie eine Schneckenspur,
ein Streifen weiß beträuft.

Das stürmische Wasser schießt
in die Regentonne,
daß die überfließt,
und in breitem Schwall
auf den Weg bekiest
stürzt Fall um Fall.

Und der Regenriese,
der Blauhimmelhasser,
Silbertropfenprasser,
niesend faßt er in der Bäume Mähnen,
lustvoll schnaubend in dem herrlich vielen Wasser.

Und er lacht mit fröhlich weißen Zähnen
und mit kugelrunden, nassen Freudentränen.

aus: Georg Britting, Gesamtausgabe in acht Bänden. Nymphenburger Verlagshandlung, München 1967, Bd. 1, S. 50. © Ingeborg Schuldt-Britting.

10 Heinrich von Kleist: Der zerbrochne Krug

Integration verschiedener Methoden des Textverstehens

M 1

Heinrich von Kleist: Der zerbrochne Krug (Erster Auftritt)

Szene: Die Gerichtsstube

Erster Auftritt

(Adam sitzt und verbindet sich ein Bein. Licht tritt auf.)

LICHT. Ei, was zum Henker, sagt, Gevatter Adam!
Was ist mit Euch geschehn? Wie seht Ihr aus?
ADAM. Ja, seht. Zum Straucheln brauchts doch nichts, als Füße.
Auf diesem glatten Boden, ist ein Strauch hier?
Gestrauchelt bin ich hier; denn jeder trägt
Den leidgen Stein zum Anstoß in sich selbst.
LICHT. Nein, sagt mir, Freund! Den Stein trüg jeglicher –?
ADAM. Ja, in sich selbst!
LICHT. Verflucht das!
ADAM. Was beliebt?
LICHT. Ihr stammt von einem lockern Ältervater,
Der so beim Anbeginn der Dinge fiel,
Und wegen seines Falls berühmt geworden;
Ihr seid doch nicht –?
ADAM. Nun?
LICHT. Gleichfalls –?
ADAM. Ob ich –? Ich glaube –!
Hier bin ich hingefallen, sag ich Euch.
LICHT. Unbildlich hingeschlagen?
ADAM. Ja, unbildlich.
Es mag ein schlechtes Bild gewesen sein.
LICHT. Wann trug sich die Begebenheit denn zu?
ADAM. Jetzt, in dem Augenblick, da ich dem Bett
Entsteig. Ich hatte noch das Morgenlied
Im Mund, da stolp'r ich in den Morgen schon,
Und eh ich noch den Lauf des Tags beginne,
Renkt unser Herrgott mir den Fuß schon aus.
LICHT. Und wohl den linken obenein?
ADAM. Den linken?
LICHT. Hier, den gesetzten?
ADAM. Freilich!
LICHT. Allgerechter!
Der ohnhin schwer den Weg der Sünde wandelt.
ADAM. Der Fuß! Was! Schwer! Warum?
LICHT. Der Klumpfuß?
ADAM. Klumpfuß!
Ein Fuß ist, wie der andere, ein Klumpen.
LICHT. Erlaubt! Da tut Ihr Eurem rechten Unrecht.
Der rechte kann sich dieser – Wucht nicht rühmen,
Und wagt sich eh'r aufs Schlüpfrige.
ADAM. Ach, was!
Wo sich der eine hinwagt, folgt der andre.
LICHT. Und was hat das Gesicht Euch so verrenkt?
ADAM. Mir das Gesicht?
LICHT. Wie? Davon wißt Ihr nichts?
ADAM. Ich müßt ein Lügner sein – wie siehts denn aus?
LICHT. Wies aussieht?
ADAM. Ja, Gevatterchen.
LICHT. Abscheulich!
ADAM. Erklärt Euch deutlicher.
LICHT. Geschunden ists,
Ein Greul zu sehn. Ein Stück fehlt von der Wange,
Wie groß? Nicht ohne Waage kann ichs schätzen.
ADAM. Den Teufel auch!
LICHT. (*bringt einen Spiegel*).
Hier! Überzeugt Euch selbst!
Ein Schaf, das, eingehetzt von Hunden, sich
Durch Dornen drängt, läßt nicht mehr Wolle sitzen,
Als Ihr, Gott weiß wo? Fleisch habt sitzen lassen.
ADAM. Hm! Ja! 's ist wahr. Unlieblich sieht es aus.
Die Nas hat auch gelitten.
LICHT. Und das Auge.
ADAM. Das Auge nicht, Gevatter.
LICHT. Ei, hier liegt
Querfeld ein Schlag, blutrünstig, straf mich Gott,
Als hätt ein Großknecht wütend ihn geführt.
ADAM. Das ist der Augenknochen. – Ja, nun seht,
Das alles hatt ich nicht einmal gespürt.
LICHT. Ja, ja! So gehts im Feuer des Gefechts.

Adam. Gefecht! Was! – Mit dem verfluchten Ziegenbock,
Am Ofen focht ich, wenn Ihr wollt. Jetzt weiß ichs.
Da ich das Gleichgewicht verlier, und gleichsam
Ertrunken in den Lüften um mich greife,
Fass ich die Hosen, die ich gestern abend
Durchnäßt an das Gestell des Ofens hing.
Nun fass ich sie, versteht Ihr, denke mich,
Ich Tor, daran zu halten, und nun reißt
Der Bund; Bund jetzt und Hos und ich, wir stürzen,
Und häuptlings mit dem Stirnblatt schmettr' ich auf
Den Ofen hin, just wo ein Ziegenbock
Die Nase an der Ecke vorgestreckt.
Licht. (*lacht*). Gut, gut.
Adam. Verdammt!
Licht. Der erste Adamsfall,
Den Ihr aus einem Bett hinaus getan.
Adam. Mein Seel! – Doch, was ich sagen wollte, was
gibts Neues?
Licht. Ja, was es Neues gibt! Der Henker hols,
Hätt ichs doch bald vergessen.
Adam. Nun?
Licht. Macht Euch bereit auf unerwarteten
Besuch aus Utrecht.
Adam. So?
Licht. Der Herr Gerichtsrat kömmt.
Adam. Wer kömmt?
Licht. Der Herr Gerichtsrat Walter kömmt, aus Utrecht.
Er ist in Revisionsbereisung auf den Ämtern.
Und heut noch trifft er bei uns ein.
Adam. Noch heut! Seid Ihr bei Trost?
Licht. So wahr ich lebe.
Er war in Holla, auf dem Grenzdorf, gestern,
Hat das Justizamt dort schon revidiert.
Ein Bauer sah zur Fahrt nach Huisum schon
Die Vorspannpferde vor den Wagen schirren.
Adam. Heut noch, er, der Gerichtsrat, her, aus Utrecht!
Zur Revision, der wackre Mann, der selbst
Sein Schäfchen schiert, dergleichen Fratzen haßt.
Nach Huisum kommen, und uns kujonieren!
Licht. Kam er bis Holla, kommt er auch bis Huisum.
Nehmt Euch in acht.
Adam. Ach geht!
Licht. Ich sag es Euch.
Adam. Geht mir mit Eurem Märchen, sag ich Euch.
Licht. Der Bauer hat ihn selbst gesehn, zum Henker.
Adam. Wer weiß, wen der triefäugige Schuft gesehn.
Die Kerle unterscheiden ein Gesicht
Von einem Hinterkopf nicht, wenn er kahl ist.
Setzt einen Hut dreieckig auf mein Rohr,
Hängt ihm den Mantel um, zwei Stiefeln drunter,
So hält so'n Schubiack ihn für wen Ihr wollt.
Licht. Wohlan, so zweifelt fort, ins Teufels Namen,
Bis er zur Tür hier eintritt.
Adam. Er, eintreten! –
Ohn uns ein Wort vorher gesteckt zu haben.
Licht. Der Unverstand! Als obs der vorige
Revisor noch, der Rat Wachholder, wäre!
Es ist Rat Walter jetzt, der revidiert.
Adam. Wenngleich Rat Walter! Geht, laßt mich zufrieden.
Der Mann hat seinen Amtseid ja geschworen,
Und praktisiert, wie wir, nach den
Bestehenden Edikten und Gebräuchen.
Licht. Nun, ich versichr' Euch, der Gerichtsrat Walter
Erschien in Holla unvermutet gestern,
Vis'tierte Kassen und Registraturen,
Und suspendierte Richter dort und Schreiber,
Warum? ich weiß nicht, ab officio.
Adam. Den Teufel auch? Hat das der Bauer gesagt?
Licht. Dies und noch mehr –
Adam. So?
Licht. Wenn Ihrs wissen wollt.
Denn in der Frühe heut sucht man den Richter,
Dem man in seinem Haus Arrest gegeben,
Und findet hinten in der Scheuer ihn
Am Sparren hoch des Daches aufgehangen.
Adam. Was sagt Ihr?
Licht. Hülf inzwischen kommt herbei,
Man löst ihn ab, man reibt ihn, und begießt ihn,
Ins nackte Leben bringt man ihn zurück.
Adam. So? Bringt man ihn?
Licht. Doch jetzo wird versiegelt,
In seinem Haus, vereidet und verschlossen,
Es ist, als wär er eine Leiche schon,
Und auch sein Richteramt ist schon beerbt.
Adam. Ei, Henker, seht! – Ein liederlicher Hund wars –
Sonst eine ehrliche Haut, so wahr ich lebe,
Ein Kerl, mit dem sichs gut zusammen war;
Doch grausam liederlich, das muß ich sagen.
Wenn der Gerichtsrat heut in Holla war,
So gings ihm schlecht, dem armen Kauz, das glaub ich.
Licht. Und dieser Vorfall einzig, sprach der Bauer,

Sei schuld, daß der Gerichtsrat noch nicht hier;
Zu Mittag treff er doch ohnfehlbar ein.
Adam. Zu Mittag! Gut, Gevatter! Jetzt gilts Freundschaft.
Ihr wißt, wie sich zwei Hände waschen können.
Ihr wollt auch gern, ich weiß, Dorfrichter werden,
Und Ihr verdients, bei Gott, so gut wie einer.
Doch heut ist noch nicht die Gelegenheit,
Heut laßt Ihr noch den Kelch vorübergehn.
Licht. Dorfrichter, ich! Was denkt Ihr auch von mir?
Adam. Ihr seid ein Freund von wohlgesetzter Rede,
Und Euren Cicero habt Ihr studiert
Trotz einem auf der Schul in Amsterdam.
Drückt Euren Ehrgeiz heut hinunter, hört Ihr?
Es werden wohl sich Fälle noch ergeben,
Wo Ihr mit Eurer Kunst Euch zeigen könnt.
Licht. Wir zwei Gevatterleute! Geht mir fort.
Adam. Zu seiner Zeit, Ihr wißts, schwieg auch der große
Demosthenes. Folgt hierin seinem Muster.
Und bin ich König nicht von Mazedonien,
Kann ich auf meine Art doch dankbar sein.
Licht. Geht mir mit Eurem Argwohn, sag ich Euch.
Hab ich jemals –?
Adam. Seht, ich, ich, für mein Teil,
Dem großen Griechen folg ich auch. Es ließe
Von Depositionen sich und Zinsen
Zuletzt auch eine Rede ausarbeiten:
Wer wollte solche Perioden drehn?
Licht. Nun, also!
Adam. Von solchem Vorwurf bin ich rein,
Der Henker hols! Und alles, was es gilt,
Ein Schwank ists etwa, der zur Nacht geboren,
Des Tags vorwitzgen Lichtstrahl scheut.
Licht. Ich weiß.
Adam. Mein Seel! Es ist kein Grund, warum ein Richter,
Wenn er nicht auf dem Richtstuhl sitzt,
Soll gravitätisch, wie ein Eisbär, sein.
Licht. Das sag ich auch.
Adam. Nun denn, so kommt Gevatter,
Folgt mir ein wenig zur Registratur;
Die Aktenstöße setz ich auf, denn die,
Die liegen wie der Turm zu Babylon.

aus: Heinrich von Kleist, Sämtliche Werke und Briefe, hg. v. Helmut Sembdner, Erster Band. Carl Hanser Verlag, München 1985, S. 177–182.

ARBEITSBLÄTTER

**Arbeitsblätter -
eine interessante Ergänzung
für den Unterricht:**

- vielseitige Materialien
- schnell einsatzfähige Kopiervorlagen im Format DIN A 4
- leicht umsetzbare, effektive Unterrichtskonzepte

Günter Graf
Jurek Becker „Bronsteins Kinder"
26 Arbeitsblätter mit didaktisch-methodischen Kommentaren
ISBN 3–12–927414–6

Peter Lambertz
Gewaltdarstellung in Literatur, Film und Fernsehen
38 Arbeitsblätter mit didaktisch–methodischen Kommentaren
Sekundarstufe II
ISBN 3–12–927415–4

Udo Müller
Literatur im Bild
45 Arbeitsblätter für den Deutschunterricht SI / S II
ISBN 3–12–929430–9

Hermann Ehmann
Christliche Feste und Feiern
32 Arbeitsblätter mit didaktisch–methodischen Kommentaren
Sekundarstufe I
ISBN 3–12–926726–3

Marlies und Jörg Schilling
Die Bibel – Begegnung mit einem ungewöhnlichen Buch
28 Arbeitsblätter mit didaktisch–methodischen Kommentaren
Sekundarstufe I
ISBN 3–12–926728–X

Horst Meyer / Andreas Winkler
Das geteilte Deutschland 1945-1961
18 Arbeitsblätter mit didaktisch–methodischen Kommentaren
Sekundarstufe I
ISBN 3–12–927866–4

Walter Göbel
Deutschland - Von der Kapitulation bis zum Mauerbau
20 Arbeitsblätter mit didaktisch–methodischen Kommentaren
Sekundarstufe II
ISBN 3–12–927868–0

Zeitreise
Von der amerikanischen Unabhängigkeit bis zur europäischen Währungsunion
32 Arbeitsblätter für den Geschichtsunterricht SI / S II
ISBN 3–12–929480–5

Thema: Gewalt
36 Arbeitsblätter für einen fächerübergreifenden Unterricht
Gymnasium/Realschule
ISBN 3–12–927862–1